젊은 철학도, **세계**에 대해 묻다

젊은 철학도, **세계**에 대해 묻다

박정민 지음

자작나무

추천사

　　창원대학교에 부임한 첫 해인 1983년생 박정민 군이 어느 듯 졸업을 앞두고 그간 사고의 결실을 책으로 낸다니 매우 흐뭇하고 기쁩니다. 박정민 군은 수업시간 주제에 대한 깊은 천착과 뛰어난 실력력으로 교수가 생각지도 않은 사고의 새로운 지평을 열곤 하여 가르치면서 배운다는 것을 실감하게 한 재원입니다. 한 번은 음식명상 과제를 내준 적이 있는데, 하루는 음식의 색깔, 하루는 냄새, 하루는 형태 등으로 일주일 동안 음식의 다양한 측면을 나누어 세밀하게 음식명상을 시도하고 그 체험을 기술하여 감탄한 적이 있습니다. 철학함에 있어, 원전과 이론에 대한 체계적 분석도 필요하지만 스스로 생각하고 체험하는 것 이상으로 진정한 철학함은 없으며, 기존의 틀에 억매임 없이 자유분방하게 확장된 사고의 능력을 발휘하고 실천해나가는 박정민 군은 매우 뛰어난 철학적 재능의 소유자라 할 수 있겠습니다.

　먹고 살기 힘든 이 시대에 먹고 사는 것에 대한 관심을 넘어 '세계에 관심'을 가지고 지속적으로 사유하여 마침내 그 결실을 마무리하기까지 매우 힘들고 지난한 사고의 과정을 거쳤음이 틀림없습니다. 이번에 '세계 그 자체에 대한' 관심이 영글고 영글어 마침내 '유물론과 관념론의 존재론적 융합'과 '새로운 패러다임'으로 열매 맺은 것은 그동안 지적 유랑의 과정을 어느 정도 성공적으로 마무리한 것입니다. 먹고 사는 것은 바로 세계 안에서 이루어지며 세계에 대한 진정한 성찰이 있을 때 비로소 먹고 사는 것도 그 진정한 의미가 밝혀짐을 우리는 깨달아야 할 것입니다.

　아울러 작가를 지망했던 필자가 문학적 철학, 철학적 문학의 형태를 빌려 독자의 이해를 배려한 것도 큰 장점입니다. 저자는 '이데아처럼 완벽한 초월세계'를 꿈꾸며 이 책을 출발시켰습니다. 그 과정에서 과학적 사고방식의 한계를 넘어 철학적 사유의 필요성과 가치를 발견했습니다. 철학적 사유는 좁은 개아를 넘어 '정신성'의 차원으로 의식을 확장시키는 것이며, 우리는 이 책을 통해 세상에 대한 삶의 지평 역시 좀 더 넓어지는 계기가 될 수 있을 것입니다. 아직 철학적 여정이 끝나지 않은 저자의 탐구가 더욱 넓고 깊게 성숙하기를 바라면서 독자들에게도 일독을 권합니다.

2010년 새 학기를 맞이하며
창원대학교 철학과 교수 **이수원**

"나는 세계에 대해 얼마나 알고 있는가?"

이것이 제게 가장 큰 질문이므로 이 질문에 대한 답을 구하는 것은 제 인생을 걸 만큼 합목적적인 출발점이기도 합니다. 이 가장 근원적이고 거대한 문제를 풀고자 저는 주저 없이 철학의 거대한 대지에 발을 내디뎠고, 그곳에서 정말이지 많은 가르침을 가슴 뿌듯할 정도로 얻었지만, 그것만으로는 저의 지적 갈망을 만족시킬 수 없었습니다.

이것은 제게 있어 행복과 불행의 양면성을 가지는 사실이 되었는데, 그러한 행복의 양면성을 가진 불행, 불행의 양면성을 가진 행복을 가지고서 쉼 없이 철학을 배워나가는 동안에도 위의 거대한 질문은 기존 철학자들이 만들어놓은 웅대한 구조물 안팎에서 더욱더 쉴 새 없이 쿵쾅대며 자신의 존재감을 나타냈습니다. 그 존재감은 상당히 아늑하고 신비로운 느낌이었으며, 아직까지 그 느낌을 또렷이 기억하고 있습니다.

세계의 호기심에 대한 해답을 찾고자 하는 시도가 본격적으로 시작된 것은 어느 철학 수업시간부터였습니다. 플라톤과 관련된 수업을 듣고 나오면서, "과연 이데아처럼 완벽한 초월세계가 있을까" 하는 우연한 상상이 문득 들었는데, 이 사소한 상상으로부터 제 철학은 시작되었고, 그간 배운 '철학'이 아닌 '철학함'을 토대로 스스로 힘으로써 그 질문을 풀어내고자 했습니다. 기존의 철학 대지에서 벗어나 새로운 대지에서 겪었던 이러한 2년간의 지적 유랑생활을 통해 그 질문에 대한 합리적인 답을 나름 정리할 수 있었고, 그 결과물로써 마침내 이 책을 완성할 수 있었습니다. 이 책은 제게 있어 우연과 필연의 양면성을 가진 행운의 선물이며, 독자들에게도 그러하기를 바랍니다.

이 책을 쓰는 동안 여러 가지로 고민을 참 많이 했습니다. 우선 형이상학적 내용으로 채워진 이 책의 성격이 형이상학의 학문 역할이 줄어든 지금의 철학 경향, 더 나아가 학문 경향과 많이 어긋난다는 점이 그렇습니다. 특히 과학적 사고방식이 곳곳에 팽배해 있는 현시대의 특성은 제게 상당한 압박과 고뇌로 다가왔는데, 역설적이게도 그 압박과 고뇌는 오히려 제게 약이 되기도 했습니다. 그러한 과학적 사고방식과 결과물을 제 사유의 일부로 받아들임으로써 그 또한 철학의 한 범주로 인정하게 된 까닭입니다.

그 과학적인 것이 해결해줄 수 없고 그것이 닿지 못한 미지의 지식을 얻고자 새로운 시각으로 철학적 노력을 기울였는데, 그 과정을 거치는 동안 제 사유와 철학은 더욱 성숙할 수 있었고, 그로써 철학의 필요성에 대한 확신을 가질 수 있었습니다. 이 확신이란 세계에는 과학이 풀 수 없는 일들이 너무 많다는 것이며, 그러한 과학이 풀 수 없는 문제에 대한 실마리를 제시할 수 있는 것 중의 하나로서 철학이 충분한 의미를 가진다는 것입니다. 그러므로 제가 철학에 대해 갖는 이 확신은 아직 변함이 없고 앞으로도 그럴 것입니다.

이 책을 쓰면서 가졌던 또 하나의 거대한 고민은 "어떻게 하면 쉽고 부드러운 책을 쓸 수 있을까" 하는 것이었습니다. 그렇게까지 어렵지는 않지만, 그렇다고 쉽지만은 않은 이 책 내용을 일반 독자들이 이해할 수 있을 정도로 쉽게 풀어쓰고, 부드럽게 장식하고자 하는 시도는 이 책을 쓰는 제게 쉽지 않은 모험이자 도전으로서 다가왔으며, 이를 위해 상당한 시행착오를 거친 후에야 어느 정도 쉽고 부드럽게 썼다고 안도할 수 있게 되었습니다.

이러한 도전을 위해 제가 취한 첫 번째 태도는 주석의 제거였습니다. 많은 책과 철학을 참고로 해 만들어진 책이 아니라 제 사유와 그를 통한 철학을 바탕으로 해서 만들어진 책이기에, 책 하단에 주렁주렁 달린 주석은 필요치 않았습니다. 저는 딱딱하고 날카로운 지식이 담긴 책이 아니라 애정과 진심, 그리고 숨 냄새가 담긴 책을 쓰고자 했고, 주렁주렁 달린 주석은 그러한 제 바람과는 맞지 않으므로, 주석을 애써 달

이유가 없었습니다.

두 번째 태도는 주정뱅이도 알아들을 수 있게 반복하고 초중등학교 교사가 학생들을 대상으로 하듯 철학을 쉽게 설명하고자 한 것입니다. 이를 위해 부처를 제 롤모델로 삼았습니다. 부처는 일찍이 자신의 설법을 각계각층에 전하고자, 다섯 단계의 언어로써 설파했습니다. 저는 다섯 단계는 아니더라도, 그중에서 가장 쉬운 언어로 기술함으로써 모든 이들에게 책 내용을 쉽게 이해시키고자 했습니다.

다시 말해 철학자 대다수가 보여주는, 깔끔하고 단정하게 완결된 문장 하나로써 자신이 하고자 하는 말을 표현하거나 독자의 수준을 너무 높게 (혹은 자신의 수준에 맞추어) 평가해, 자신이 하고자 하는 말을 유리/보수시키지 않고 그대로 적어놓은, 그로써 독자의 철학서에 대한 부담감을 증폭시키는 등의 집필로부터 의도적으로 벗어나, 선택할 수 있는 가장 쉬운 단어와 문장 구조를 사용했습니다.

세 번째는 문학 추가였습니다. 문학적 요소는 책을 부드럽게 만드는 데 상당한 일조를 하며, 따라서 한때 작가를 지망했던 저로서는 저의 문학적 능력을 애써 묵힐 이유가 없어 이를 이 책에 고스란히 담아냈습니다. 각 장의 시작 페이지에 화두를 던지는 짤막한 시를 게재해 호기심을 북돋고, 책 중간 중간에 중요하거나 어려운 부분에서는 그 부분을 요약한 짤막한 소설을 집어넣어 독자의 이해를 최대한 돕도록 했습니다. 이러한 일련의 과정을 통해 책이 더욱 쉽고 부드럽게 정제될 수 있었고, 그 내용에 대해서는 저도 만족하는 바입니다. 쉽지 않은 시도였지만, 이를 위해 많은 노력을 기울인 이유는 단 하나입니다.

철학의 주체는 소수의 학자가 아닌 시민이라는 이유 때문이지요. 따라서 최대한 시민의 입장에서 책을 쓰고자 했고, 시민의 입장에서 제가 쓴 책을 이해시키고자 했습니다. 이렇듯 시민과 철학자, 독자와 작가의 입장을 오가는 동안 내외적으로 많은 성숙과 가르침을 거둘 수 있었고, 작가로서 그리고 학자로서 나아가야 할 보다 바람직한 지향점을 깨달을 수 있었습니다.

이 책을 마무리지은 지금의 제 나이는 이십대 후반입니다. 모든 것을 알 만한 나이는 아니지만, 모든 것에 대해 상상해볼 수 있는 나이이지요. 저는 상상을 긍정합니다. 각자의 생각대로 세계의 모습과 근본에 대해 상상할 수 있고, 그것으로써 세계를 이해할 수 있다고 생각하지요. 하지만 모든 것을 상상하되 상상한 모든 것을 확신해서는 안 된다고 생각합니다. 틀린 점이 있다면 과감히 수정해야 하고, 그렇지 않고 자신이 상상한 세계의 근본과 모습을 그저 자신에게만 진리라고 이해시킨다면 그것은 형이상학이 아닌, 1인칭 종교 혹은 문학일 따름입니다.

형이상학은 어디까지나 철학입니다. 학적 엄밀성을 갖추어야 하며, 충분한 근거를 제시해야만 합니다. 이런 과정을 거친 후에 확보된 형이상학적 지식은 세계에 대한 풍부한 이해와 지적 상상력을 얻게 해줄 것이며, 이것은 저의 신념이기도 합니다. 이러한 제 신념에 따라 저는 이제껏 많은 것을 생각했고, 그것을 고스란히 이 책에 담아놓았습니다만, 이 책은 아직 완성된 것이 아닙니다.

이 책은 제 철학 결정체가 담긴 책이 아닌, 화두 던지기를 위한 철학서이고, 시작에 불과할 뿐이지요. 하지만 시작이기에 의미가 있다고 생각합니다. 시작은 앞으로도 많은 가능성이 남아 있음을 의미하는 희망의 양면성을 가지기 때문이지요. 저는 많은 가능성을 제 일생 동안 실현해나갈 것이며, 그 첫 시작점으로써 이 책을 썼습니다.

이 책이 모든 것을 해결할 수는 없지만, 이로써 세계에 대해 다채로운 생각을 하는 데 아주 조금이라도 도움을 줄 수 있다면 저는 만족할 것입니다.

젊은 철학도, 세계에 대해 묻다

제1장

세계에 대하여

역량에 따라 제국을 넷으로 나누어

그곳을 다스리는 네 명의 왕이 있다.

날 선 칼과 같이 차가운 새벽의 공기를 피해

줄달음치는 청설모도 그들의 은혜를 입고

모든 신하와 모든 백성

그들의 환희, 열광, 심지어 화냄과 욕설에까지

이 황제들의 따사롭고 세심한 배려가 배어 있다.

이 현명한 왕들에게 언제까지고

지극한 축복과 행복이 깃들기를….

하지만 그들은 신이 아니다.

신이 아닌 까닭에 신이 되고자

그들 스스로를 신왕^{神王}으로 내세웠다.

사람들은 주저 없이 신으로 추대했고

오늘 이 제국에서 신 즉위식이 거행되었다.

환희와 기쁨으로 가득한 즉위식장 곁을

묵묵히 지나가던 한 음유시인이

한편의 긴 서사시를 읊었다.

왕이 아닌, 신을 위한 서사시를…

가-1 과학의 한계

자, 여러분~ 모두 주변을 둘러보세요. 여러분의 호기심 어린 시선이 무엇과 마주치든, 그것은 분명 과학으로써 이루어진 산물임이 분명할 겁니다. 누군가의 문자 메시지를 기다리는 휴대폰, 문서작업 혹은 게임을 하고자 켜놓은 개인용 컴퓨터, 그리고 자신이 머무는 건물에까지… 이 모든 게 과학과 기술의 산물임을 부정할 사람이 과연 몇이나 있을까요?

이렇듯 과학 그리고 기술이 현재 써내려가는 연대기의 위엄이란 정말이지 어마어마합니다. 세계를 새로운 질서와 영광으로써 가득 채워나가고 있고, 대다수 사람의 절대적인 지지를 받고 있습니다. 내놓을 것도 많고 할 말도 많아서, 이제는 다른 학문을 훈계하고 꾸짖을 수도 있는 위치에까지 과학이 올라섰습니다. 학문의 황제자리에 등극한 셈이지요.

확실히 현대사회에서의 과학은 학문의 기초이자 황제입니다. 거의 모든 학문이 과학의 직·간접적 영향력 아래 놓여 있으며, 몇몇 학문에서는 그들 학문에 선행되는 절대적인 요소로서 과학을 필요로 합니다. 이렇듯 과학이 현대사회에서 가지는 영향력은 막대하며, 앞으로 시대가 아무리 많이 흘러도, 이러한 과학의 대세는 영원할 것이라 확신합니다. 여러분도 그렇게 생각하지 않나요? 그 누구도 개인용 컴퓨터의 메모리가 테라바이트를 넘지 않고, 기가바이트에 그치기를 원하지 않을 테고, 에이즈와 말기의 암을 치료할 치료제가 개발되기를 원치 않을 이 또한 없을 테니 말이죠. 과학의 영향력 아래 세계의 몸을 맡기는 건 현명한 일입니다. 과학은 실용과 진리 모두를 담고 있는, 이상에 가까운 학문이므로 현세계의 대표 학문으로서 자리매김할 가치를 충분히 있기 때문이지요.

하지만 말이죠. 현대 사회에서 과학이 황제인 건 맞지만 과연 그렇다고 해서 전지전능한 신의 역할까지 도맡아 할 수 있을까요? 물론 그건 아닙니다. 과학은 다재다능할 뿐, 전지전능하지는 못합니다. 그렇다면 전지전능한 학문이 존재하느냐? 물론 그런 것은 아닙니다. 다만 과학 또한 다른 학문과 마찬가지로 각각의 장단점을 지니고 있기 때문에, 타 학문과 공생 공존할 필요는 있습니다. 그렇다면 과학이 가지는 문제점은 무엇일까요? 과학의 단점, 더 나아가 한계라고까지 할 수 있는 것들로 다음과 같은 두 가지 요소를 꼽을 수 있습니다.

첫째, 현대 과학 지평에 의해 세계가 규정된다는 사실

지평이란 바라보는 곳, 즉 수준을 일컫는 것입니다. 다시 말해 현대 과학 기술수준에 의해 세계가 규정된다는 사실이지요. 가령 유럽 입자물리학 연구소European Organization for Nuclear Research, CERN에서 만든 강입자충돌기Large Hardron Collider, LHC가 빅뱅 직후의 상황을 재현하고, 초끈이론Super-String theory을 포함한 갖가지 이론의 참·거짓 여부를 가릴 수 있다고 쳐도, 그건 어디까지나 강입자충돌기 하나의 능력에 국한된 우주 해석에 지나지 않는 것입니다. 거대한 산에 올라보셨다면 알 것입니다. 해발 100미터에서 내려다보는 풍경과 해발 1500미터에서 내려다보는 풍경은 확연히 다름을. 그리고 그보다 더 높은 곳에서 내려다보는 풍경은 또 다를 것임을.

이렇듯 강입자충돌기에 의한 우주 해석은 어디까지나 지금의 과학 기술력에 의존한 우주 해석일 뿐, 근원적인 우주 해석이라 보기에는 어렵습니다. 단지 최신 과학기계의 인식능력 내에서의 우주 이해에 불과한 것이고, 따라서 그것으로써 우주 전체를 꿰뚫는 본질을 규정했다고 말할 수는 없습니다. 시간이 흐르고 또 흐르는 동안 과학 스스로 진리라 규정한 사실들은 얼마든지 뒤집힐 수 있습니다. 천동설이 유일한 진리라고 못박은 천문학계에서 코페르니쿠스와 갈릴레오에 의한 지동설이 등장하고, 더 이상 쪼개질 수 없다고 못박은 원자가 쿼크로 쪼개졌듯이 말이지요. 이건 비단 쿼크와 지동설에 국한되는 것이 아닌, 과학의 모든 것에 적용되는 문제입니다. 가령 현재 각광받고 있는 초끈이론의 경우 또한 마찬가지입니다. 초끈보다 더 세밀하고 특이한 형태의 어떠한 근원적인 것이 발견된다면 초끈이론 또한 힘을 잃겠지요.

이렇듯 인간의 지식은 불완전합니다. 그럼에도 과학자들은 항상 세계 전체의 진리를 지금 당장 이곳에 끌어다놓고 있는 듯이 말하지만, 그건 어디까지나 소박한 믿음일 따름입니다. 정말 지금 당장 밝혀낸 과학적 진리가 세계 전체를 꿰뚫는 진리인지지는 인간으로서는 영영 확신할 수 없습니다. 왜 그럴까요? 그 이유는 바로 과학이란 학문은 전적으로 경험적 지식에 의거하는 특성을 지니기 때문이며, 이는 과학의 두 번째 한계라 볼 수 있습니다. 이것에 대해 자세히 알아봅시다.

둘째, 경험을 통해 습득한 지식이 가지는 한계

과학이란 학문은 경험을 통해 얻은 지식인, 귀납적 지식에 절대적인 영향을 받고 있습니다. 즉 모든 과학적 지식은 경험을 바탕으로 획득되는 것이지요. 이러한 경험적 지식은 영국의 저명한 철학자 데이비드 흄$^{David\ Hume,\ 1711~1776}$이 지적한 태생적 한계를 지닐 수밖에 없습니다.

흄은 모든 대상과 모든 사실에 대해 생각할 수 있는 모든 방법으로써 의심해보는 '극단적 회의'를 통해 "경험으로 얻어진 모든 지식은

데이비드 흄이 말했듯이 감히 누가 내일도 반드시 해가 동쪽에서 뜨리라 논리적으로 증명할 수 있겠는가?

단지 우연의 일치에 지나지 않을 수도 있으므로, 절대적으로 확신할 수 있는 과학적 진리는 없다"고 주장했습니다. 흄의 주장대로라면 매일 해가 동쪽에서 뜬다고 해서 내일도 동쪽에서 해가 뜨리라 확신할 수 없고, 일반적으로 100도에서 물이 끓는다고 해서 물이 계속 100도에서 끓으리라 보장할 수 없습니다. 원래는 서쪽 혹은 북쪽에서 뜨는 해가 50억 년 동안 아주 우연히 동쪽에서 떴을 수도 있다는 것입니다.

물론 이러한 흄의 극단적 회의는 말 그대로 극단적입니다. 어쨌거나 현실에서의 생활은 일반적인 지식들로 채워져 있기 때문이지요. 경험을 통해 얻은 지식이 80퍼센트밖에 되지 않는다 해도, 그렇지 않은 20퍼센트의 가능성을 위해 아주 일반적인 80퍼센트의 지식을 버릴 수는 없습니다. 인류를 풍성하게 하는 가장 직접적인 지식은 이러한 일반적인 80퍼센트의 지식에서 나오며, 따라서 나머지 20퍼센트의 지식은 80퍼센트에 대한 반격을 차분히 준비하며 때를 기다려야 하는 것이 옳습니다. 근거 없는 20퍼센트의 지식이 함부로 세상을 활보하는 것은 세계를 혼란스럽게 만들기 때문입니다.

이러한 80퍼센트의 지식으로 채워져 있는 과학이 가지는 힘은 경이롭습니다만, 80퍼센트는 100퍼센트가 될 수는 없습니다. 제아무리 80퍼센트라는 권위로써 20퍼센트를 짓누르려 해도, 그 20퍼센트가 지니는 엄연한 가능성은 부정될 수 없습니다. 이것은 경험을 통해 수립된 과학적 지식이 가지는 근원적인 한계입니다. 가령 쿼크가 초끈의 파장으로 말미암아 변형된다고 생각할 수 있지만, 그것은 어디까지나 가능성 중 하나일 뿐입니다. 정말로 초끈의 파장에 의해 쿼크가 변형된다고 해봐도 사정은 마찬가지입니다.

그러한 초끈의 원인은 무엇입니까? 그 원인을 초끈 그 자체 혹은 빅뱅 때문이라고 생각할 수도 있지만, 그것 또한 어디까지나 추측일 뿐, 확신할 수 있는 절대적인 내용은 결코 아닙니다. 빅뱅 그 자체도 실제로 일어난 일인지 확신할 수 없는, 단순한 가설에 불과합니다. 게다가 빅뱅이 일어났다 쳐도 빅뱅 이전의 세계에 대해 설명할 수 없습니다. 과학자들이 생각하는 빅뱅 이전의 세계, 즉 원인을 따질 수 없고, 시간 · 세월 · 공간 등이 없는 어떠한 곳 등등은 자신들이 그토록 비판한, 고대 그리스의 저명한 철학자 아리스토텔레스^{Aristoteles, 기원전 384~322}의 부동의 동자^{Unmoved Mover}, 플라톤^{Platon, 기원전 428?~427}의 이데아^{Idea} 등과 다를 바가 무엇입니까?

다만 형이상학은 사변을 활용하는 학문이고 과학은 과학적 도구를 활용하는 학문이기에, 사람들을 이해시키기 좀 더 용이한 장점이 있을 뿐, 결국 과학 또한 과학도구 몇 개 얹어 만들어놓은 과학적 형이상학에 불과합니다. 과학이 무엇을 풀어내든 결국 경험을 바탕으로 한 것에 불과하므로 근원적 지식은 될 수 없으며, 이는 과학적 지식이 절대적이지는 못함을 보여주는 근거입니다.

또한 과학은 경험될 수 없는 것들을 상당수 배제하고 학문을 쌓아나간다는 점에서 문제가 됩니다. 가령 우주를 구성하는 것 중에 인간과 기계로서는 인식할 수 없는 원리나 속성이 있을 수 있음에도 그런 것은 배제하고, 경험되는 것만으로 세계 전체에 대한 정의를 내리려 든다는

우주의 비밀을 밝혀줄 것만 같은 강입자충돌기의 사진(LHC). 하지만 시간이 흐른 후 세계에 대한 지식이 더욱 확대되면, 지금은 진리인 이 기계가 철지난 오류에 그칠지도 모르는 일이다.

점입니다. 가령 초끈이론의 내용대로 인간에게 경험되지 못하는 7차원이 있고, 그것의 영향으로써 4차원의 법칙이 결정된다고 해도, 그것이 세계 전부라고 결코 확정할 수는 없습니다.

11차원 외에 인간으로서는 영영 인식할 수 없는 어떤 세계가 있을 수도 있으므로 세계를 11차원으로 확정지을 수는 없으며, 또 그렇다고 11차원 외의 세계를 인정할 것이냐 하면 그럴 수도 없습니다. 있는지 없는지 알 도리가 없기 때문이지요. 아예 알 도리가 없는 것에 대해 정의를 내리는 것은 과학 스스로가 자부심으로 여기는 '엄밀성'이라는 학문적 권위에 어긋나므로, 그럴 수 없습니다. 즉 경험된 그리고 경험을 바탕으로 추측할 수 있는 것만으로 세계 모습 전체를 그려낼 수밖에 없는 측면은 분명 과학이 지니는 근원적인 한계입니다.

가-2 철학의 필요성

이 소제목만 보고도 제게 돌을 던지려들 수많은 사람이 벌써 눈에 선하군요. 근대 자연과학 출몰 이래 형이상학이 욕을 얻어먹기 시작한 지도 벌써 수백 년이나 되었으니까요. 형이상학이란 서양철학의 출발점이 되었던 학문으로서, 사변을 통해 세계의 진리와 근원을 밝히고자 하는 학문이며, 철학 분야 중 가장 철학다운 분야입니다.

하지만 근래 들어 이러한 형이상학은 과학자 그리고 철학자들에 의해 강하게 비판받았고, 이 모습을 지켜본 수많은 사람에 의해 형이상학은 제거해야 할, 그리고 그 싹을 잘라야 할 쓸모없는 잉여학문으로 변해버렸습니다. 경험으로써 밝히는 것은 과학이 훨씬 잘하고, 경험으로써 증명될 수 없는 건 밝혀봤자 뭐하냐는 것입니다. 손댈 수 없는 것에는 머리를 쓰지 말고, 대신 손댈 수 있는 것의 개수를 늘려가는 게 훨씬 현명한 선택임을 지난 300년간 과학이 잘 보여줬고, 그 대세대로 세계는 흘러가고 있습니다.

철학을 비롯한 인문학은 할 게 없고 자연과학은 할 게 많은 세상…. 인문학은 인문학으로서 살아남고자 자신이 가진 이력서에 나름대로 여러 가지 경력을 잔뜩 써놓았지만, 과학이 자신의 페이지에 써놓은 한두 줄의 짤막한 문장 하나보다도 설득력이 떨어지는 현실….

그렇다고 해서 나쁠 건 없다고 생각합니다. 어쨌거나 과학이 제아무리 대세라 할지라도 인문학의 영역 중 침입할 수 없는 곳은 있기 때문입니다. 인간의 인성을 바로잡는 것, 그것은 과학 법칙과 수학 법칙으로는 엄두도 못 낼 일입니다. 그리고 과학적 지식으로서는 설명할 수 없는 세계에 대한 설명 또한 과학이 침범할 수 없는 영역입니다. 바로 형이상학 말이지요.

하지만 이러한 형이상학에 대한 가치 논쟁은 아까도 말했듯이 근대 이후로 계속 진행되었고, 이 논쟁에서 시간이 갈수록 불리한 쪽은 형이상학이었는데, 이제는 불리하다 못해 아예 매장을 해야 한다고 주장하는 지경에까지 이르렀고, 실제로도 그렇게 되었습니다.

이러한 형이상학 배척 분위기는 과학에서뿐만이 아닌, 철학 내부에서도 일어나고 있는 상황이고, 그나마 살아남은 형이상학도 하이데거의 그것과 같이 실존적인 측면과 함께하는 형이상학뿐이며, 순수 형이상학은 자취를 감췄습니다.

이로써 마침내 근대인들의 소망이었던, 과학적 세계관의 확립과 형이상학의 소멸이 이루어졌으나, 현대에 서 있는 저는 그들에게 다시금 반문을 하고 있습니다.

"과학이 당신의 지적 욕구를 훌륭하게 채워주고 있는가?"

"세계의 근본에 대한 질문을 기계덩어리들이 잘 풀어내고 있는가?"

"당신들의 노력으로써 발견한 쿼크와 초끈 등을 통해 세계의 모든 것을 설명해낼 수 있는가?"

이 질문들이 상당히 오만하다는 것을 알지만, 이 질문에 대해 돌아올 답변 또한 겸손하지 않을 것임을 잘 알기에 하고자 하는 말을 계속하겠습니다. 과학적 지식은 세계에 대한 결정적인 지식이 될지는 몰라도 전체적인 지식이 될 수는 결코 없으며, 따라서 그러한 결점을 보완해줄 수 있는 존재로서 형이상학은 충분한 존재가치를 지닙니다. 그러므로 형이상학적 사유와, 그것을 통한 철학적 지식은 존중받을 가치와 추구할 가치 또한 지니며, 따라서 형이상학을 배척할 이유는 전혀 없습니다.

이러한 태도에 대해 형이상학의 또 다른 결점인 실용성 문제를 걸고넘어질 수 있습니다. "과연 경험으로써 설명할 수 없는, 경험 너머의 지식이 이 세상에 필요한 것인가" 하는 문제이지요. 이 질문에 답하기 위해 구체적인 이유를 찾을 필요는 없습니다. 그것이 실용적이건 실용적이지 않건, 그것이 세계에 대한 옳은 지식이라면 당연히 추구할 가치가 있기 때문입니다.

사유능력을 가진 인간으로 태어나 그러한 자신을 보내준 이 세계에 대한 지식을 쌓아나가는 것이 옳은지, 아니면 직면한 현상에 집중해 인간과 유물론의 그림자 속에만 갇혀 있다가 죽는 것이 옳은지 그 누구도 알 수 없습니다. 답이 없는 문제이기 때문이지요. 하지만 대세가 후자라고 해서 전자를 버릴 이유는 없습니다. 모든 이가 과학적 지식 속에서 살기만을 원치는 않기 때문입니다.

형이상학은 이성과 논리로써 인간이 경험하는, 혹은 경험할 수 없는, 세계와 인간의 본질을 밝히는 학문입니다. 과학은 '이성과 논리로써 인간이 경험하는, 혹은 경험할 수 없는 세계와 인간의 본질을 밝히는 학문'이라는 형이상학의 본질 그 자체를 비판할 수 없습니다. 과학이 볼 수 없는 면을 형이상학은 계속해서 밝혀낼 수 있고, 그 밝혀낸 지식을 과학이 다시 쌓은 지식을 바탕으로 부정한다 해도, 형이상학은 그러한 과학이 볼 수 없는 또 다른 면을 들추어낼 수 있기 때문입니다.

세계라는 마차경주의 첫 번째 바퀴에서는 형이상학이 앞서갔고, 두 번째 바퀴에서는 과학이 앞서가고 있습니다만, 사람들은 이것으로써 경주가 끝났고, 과학이 최종승자가 된 줄 알고 있습니다. 그래서 요즘에는 과학을 영원한 승자로서 우대하고 있고, 형이상학은 영원한 패

배자로 낙인찍고 있습니다. 하지만 형이상학과 과학의 치열한 경주는 아직 끝나지 않았습니다. 그들의 경주는 계속됩니다.

이 책에서 저는 형이상학의 입장에서 이 세계에 대한 더욱 풍성한 지식과 가능성을 독자들에게 제공하고자 합니다. '길을 가는 두 사람'이라는 짤막한 소설로써 이 단원의 주제를 요약한 후에, 이제 본격적으로 새로운 형이상학 세계로 여러분을 초대하겠습니다.

미국의 그랜드 캐년을 지나는 두 청년이 있었습니다. 둘 다 스물한 살의 청년이었는데, 그중 한 청년은 그저 평범한 대학생으로, 방학을 맞아 그랜드 캐년의 신비감과 경외감을 가슴 듬뿍 맞이하고자 여행 온 미하엘이라는 학생이었고, 또 한 명의 청년은 세계적으로 아주 유명한 과학자 겸 교수로서, 열아홉 살의 나이에 MIT의 지질학·물리학·화학 등의 과정에서 박사학위를 취득하고, 사이언스지에 다섯 편의 논문을 실어 세계적으로 유명세를 떨친 천재 과학자, 게다가 지금은 MIT에서 물리학 교수로 있는 토마스라는 엄청난 청년이었습니다.

그 둘은 희붓한 석양빛이 부드럽게 깔린 사막 위를 느릿느릿 걸어가고 있었는데, 미하엘은 저물어가는 그랜드 캐년이 가져다주는 경외미에, 토마스는 GPS기와 사이언스지에 각각 압도당해 정신을 놓고

걷다가, 마침내 둘은 쿵하고 부딪히고 말았습니다.

커다란 충격에도 순식간에 균형을 잡고서 쓰러지지 않았던 미하엘과 달리, 토마스는 떨어지는 GPS기를 잡으려다가 얼굴과 기계, 사이언스지 모두를 사막 바닥에 그대로 몽땅 파묻고 말았습니다. 한참을 모래 속에서 바둥대다 겨우 고개를 쳐들고서는 도와주려고 손을 뻗는 미하엘을 보며 쓴소리를 내뱉었습니다.

"젠장. 네 녀석은 이곳이 모랫바닥이었다는 사실에 감사해야 해! 안 그랬으면 살인미수 혐의로 고소될 뻔했으니까!"

상대편이 잘못한 몫까지 고스란히 뒤집어쓴 미하엘은 황당하고 화가 났지만, 꾹 참고서 토마스를 일으켜 세워주었습니다. 악연이기는 하지만 악연 또한 인연이기에, 미하엘은 토마스와 같이 길을 가며, 이런저런 이야기를 나누려 했는데, 그러한 시도는 괜한 것이었음을 오래지 않아 깨닫게 되었습니다.

미하엘과 대화하는 토마스의 모든 단어와 주제, 방향은 과학·법칙 등으로 점철되어 있었고, 그것에 의문점을 던지는 토마스의 아주 사소한 생각조차 허용해주지 않았습니다. 시간이 지날수록 토마스의 머리와 입속에는 "차라리 벙어리인 척할걸" 하는 후회감 만이 짙게 물들기 시작했는데, 이에 따라 미하엘의 말수는 줄어들었고, 이와 반대로 토마스는 들이마시는 모든 산소원자를 잡담과 자기자랑, 과학만능주의로 환원해가기 시작했습니다.

이런 지루하기 짝이 없던 시간과 걸음이 의미 없이 이어지는 동안, 토마스와 미하엘은 거대한 바위 앞에 도달하게 되었습니다. 아무 생각 없이 바위 앞을 스쳐 지나는 순간, 뿌연 흙먼지가 거대한 굉음과 함께 일었고, 이 흙먼지와 굉음은 토마스와 미하엘의 모든 신체, 모든 생각을 가득 채워버렸습니다. 갑자기 일어난 이런 황당한 일에 두 사람은 어쩔 줄 몰라 했지만, 점차 옅어지는 흙먼지 광경을 본 두 사람은 침착을 되찾게 되었습니다.

하지만 되찾은 침착은 오래가지 못했습니다. 조금 전까지만 해도 눈앞을 가득 메우고 있던 거대한 바위는 온데간데없이 사라지고, 신비한 에메랄드빛 보석으로 만들어진 거대한 동굴이 드러났기 때문이지요. 만화에서나 보았을 법한 이런 상황 앞에서 침착할 수 있는 사람은 없기에, 두 사람은 호들갑과 두려움, 공포, 신비함 등의 각양각색의 감정을 롤러코스터 타듯 빠르게 겪었습니다. 저물어가는 해를 인식하고서야 비로소 냉정을 되찾은 두 사람은 동굴에 대해 본격적인 대화를 나누기 시작했습니다.

"이건 말도 안 돼. 과학적으로 생각하건대 아니면 FBI나 국방성, 혹은 NASA의 장난질이 분명해."

"왜 그렇게만 생각하는 거야? 그냥 이런 신비한 일이 자연스레 일어났다고 생각할 수도 있잖아. 우리는 이런 신비한 일을 목격한 운 좋은 사람이고."

"자연스레라는 게 말이 돼? 이것 봐!! 여기 지도를 보면 알겠지만, 이 지역엔 동굴 같은 게 있을 리가 없어. 왜냐하면 이곳의 지질은 동굴이 생기기에는 부적합하기 때문이야. 여기에 표시된 이 지역이라면 모를까. 왜 그런지 설명해줄까? 동굴이 형성되려면 석회암 층이…."

"그런 얘기는 그만둬. 어쨌든 지금 우리 눈앞에서 이런 일이 일어났잖아. 이것을 봐. 이 돌, 아니 보석을 만져보래두. 깊게 향기를 들이마셔 봐. 바닐라 향이 진하게 난다니까. 이래도 진짜가 아니라는 거야?"

"오우 제발 사람이면 상식적으로 생각해봐. 그런 일이 일어날 리가 없잖아. 지금 네 비루하고 불투명한 감각과 믿음으로 과학의 권위와 상식에 맞서겠다는 거야? 네가 멍청이라는 건 잘 알고 있었지만, 제발 그런 생각을 할 만큼 극단적으로 멍청해지지는 말아줘."

"그렇다면 이건 어떻게 설명할 거야? 이 구체적인 사실은 어떻게 설명할 거냐구?"

"아까도 말했지만 이건 정부가 의도적으로 계획한 것이 분명해. 젠장… 이런 계획이 있었으면 나도 끼워줘야지."

"그럼 이게 자연현상이 아니라는 거야?"

"당연하지. 지질형성과정과 자연의 순환과정에 대해 조금이라도 공부했다면, 이런 현상이 자연적으로 일어날 리 없다는 걸 잘 알 텐데…. 넌 대체 교육을 어디까지 받은 거니?"

"그렇다면 저것에 대해 설명해봐. 저 바닐라 향 나는 에메랄드빛 돌과, 그것이 갑자기 바위를 깨고서 나타난 현상에 대해서 말이야."

"좋아 잘 들어. 우선 저 바닐라 향 나는 에메랄드빛 돌의 제작원리
는 간단해. 에메랄드에다가 바닐라 향을 씌운 거지."

"맙소사. 저게 진짜 에메랄드라는 거니?"

"당연하지. 과학지식에 의하자면, 지구에는 저런 광물이 에메랄드
말고는 없어. 없는 광물이 저곳에 있을 리는 없지. 저런 에메랄드로
동굴을 만들어놓은 이유는 모르겠지만, 우리가 이곳을 지날 때 펑하
고 터진 걸로 봐서는 아마 비밀 연구소 같은 곳으로 연결된 터널이
겠지?"

"하지만 그런 거면 굳이 에메랄드같이 비싼 재료를 쓸 이유가 없잖
아."

"왜 애메랄드를 썼는지 낸들 아니? 어쨌든 중요한 건 저 에메랄드
동굴은 당연히 인간이 만든 것일 수밖에 없다는 것이지. 자연적으로
가만 있는 바위가 먼지처럼 폭발하고, 그 자리에 에메랄드 동굴이
생기는 건 있을 수 없는 일이니까."

"그렇지만 우리가 이제껏 본 적 없는 새로운 광물로 만든 통로일 수
도 있잖아? 저걸 만든 사람은 지하세계의 사람이고…."

"큭큭큭… 차라리 그런 걸 믿을 바에는 지금 있는 행성이 크립톤 행성이기를 믿지 그러니? 내가 슈퍼맨이기를 바라는 건 어때? 어쨌든 난 이 광경을 찍어 논문으로 써서 이 터널의 정체와, 이런 쓸데없는 짓을 하는 미국의 지나친 자원낭비에 대해 고발할 거야."

"왜 항상 만사를 과학적 입장에서 규정하려는 거야?"

"당연하잖아. 과학적 지식 외에 대체 어떤 지식으로 이 세계를 규정할 수 있어? 철학? 문학? 아니면 신화? 큭큭큭… 우스울 따름이지. 차라리 미신을 섬기지 그러니?"

"그럼 네 마음대로 생각해. 난 저 터널에 들어가, 뭐가 있는지 살펴볼 테니까."

"미친 짓이야. 아마 넌 비밀요원에게 잡혀 쥐도 새도 모르게 죽을 거야."

"쥐도 새도 모르게 죽을 거야라고 상상하는 것보다는 쥐도 새도 모르게 죽는구나라고 확신하는 게 더 나은 판단이겠지? 난 간다. 악… 뭐하는 짓이야? 이 손 놔."

"가지 마, 바보야. 희망을 둘 가치가 없는 것에 희망을 두는 건 세계의 제한된 물질에 대한 모독이야. 안 가는 게 현명한 선택…."

"미안해. 난 현명하지 못한 녀석이거든."

손을 뿌리친 미하엘은 성큼성큼 동굴로 걸어 들어갔습니다. 미하엘이 들어가자 동굴 속에선 기막히게 아름다운 빛과 노랫소리가 흘러나오기 시작했는데,

툭~~~

한경린은 읽던 책을 덮어 서재에 꽂아놓고서 길게 기지개를 켰습니다. 기지개를 켜는 경린의 눈은 대지를 보듬는 따스한 햇빛과 화사한 꽃밭으로 가득히 채워졌고, 그 봄날의 행복을 즐기고자 밖으로 나가며 문을 쿵 닫는 순간, 경린이 읽던 책 『꿈속의 여행』이 책상 위로 툭 떨어졌습니다.

진리… 진리… 진리라…. 뭔가 있어 보이면서도 가장 실속 없는 말이 아닐까요? 진리란 경험을 넘어, 시대를 넘어, 모든 사람들에게 옳은 것으로 받아들여지는 만물의 본질에 대한 지식을 말하는 것인데, 이러한 진리의 내용은 시대와 종교, 학문적 견해 차이로 말미암아 사람마다 다르게 받아들여지기 때문이지요. 진리는 종교와 철학, 과학이 서로 아웅다웅 다투는 반목의 장소이며, 주관적인 믿음의 장소입니다.

그곳에서의 싸움은 꽤 눈부시고 멋져 보이지만, 실속은 없습니다. 진리란 명예의 전당이 아닌 허세의 전당이며, 비진리의 전당이기도 합니다. 그럼에도 많은 이들이 진리를 찾고자 합니다만, 진리를 찾으려 할수록 찾아내어지는 것은 뇌 속에 숨겨져 있는, 더욱 색다른 스트레스 뿐입니다.

그렇다면 뭐가 진리일까요? 이렇듯 그 어떤 지식으로써 밝혀낸 진리도 시간이 가면 몽땅 틀린 것으로 인정되는데, 진리란 대체 무엇일까요? 신도 아닌 인간이 시건방지게 이런 주제를 놓고 토론하는 것 자체가 의미 없는 일은 아닐까요? 진리가 대체 있기나 한 것일까요? 세계가 계속해서 바뀌어나간다면, 진리란 것 자체가 없을 수도 있지 않을까요?

그런 생각 하기 전에 눈감아 보세요. 뭐가 보이나요? 시커면 암흑만이 있다구요? 네, 좋습니다. 이제 눈을 떠서 창밖의 풍경을 보세요. 이제는 뭐가 보이나요? 다정한 연인들? 높은 교회당 첨탑? 아니면 푸릇한 신록으로 몸을 아름답게 치장한, 젊고 눈부신 산? 아니면 눈이라는 상복을 입고 죽은 계절과 죽은 대지를 두고 숨죽여 오열하는 산? 이제 하늘을 보세요. 뭐가 보이나요? 진리의 바다처럼 넓고 푸른 광경? 아니면 자신의 검은 망토를 온몸에 두르기 시작하는 노년의 광경?

뭐가 보이든 그것은 사람마다 다를 것입니다. 모든 이들에게 같은 것으로서 받아들여질 수 있는 장면은 단 하나도 없습니다. 하지만 모든 광경은 다르지만, 그 모든 광경을 꿰뚫는 단 하나의 공통점은 있습니다. 그것은 무엇인가 있다는 것입니다. 즉 '있음' 그것은 시대와 장소를 불문하는 가장 큰 진리입니다. 당신이 눈감았을 때는 온통 시커먼 암흑이, 그리고 하늘을 보았을 때는 변덕꾸러기 하늘이 늙어가면서 보여준 가지각색의 몸치장이 당신의 눈을 채우고 있었을 겁니다. 즉 보이는 것은 매번 다르지만, 그러한 것들로 채워진 '있음'이 그 자리에 놓여 있다는 그 자체는 부정될 수 없습니다. 따라서 세계는 '있음'으로써 채워져 있는 셈입니다.

그러므로 세계는 항상 있는 것입니다. 만일 세계가 없는 것이라면, 이렇듯 글을 쓰는 나도, 글을 읽고 있을 당신도, 그 무엇도 없었을 것입니다. 하지만 지금 우리는 이렇게 버젓이 잘 살아가고 있지 않습니까? 이렇듯 '세계가 항상 있음'은 그 누구라도 인정할 수밖에 없는 명석 판명한 진리입니다. 여기에서 세계란 지구만을 뜻하는 것이 아닌, 지구와 우주 그리고 그 밖에 존재하는 모든 것의 합을 의미합니다.

자 여기서 봅시다. 그렇다면 '세계가 항상 있어 왔다는 것'은 무엇을 의미합니까? 그것은 세계 전체가 '없음'에 해당하는 상태에 놓인 적이 단 한 번도 없음을 의미합니다. 물론 이렇게 생각할 수도 있습니다. 전지전능한 신이 자신의 힘을 이용해 자신을 포함한 세계 전체를 '없음'의 상태에 해당하게 만들고서, 시간이 어느 정도 지나면 다시 '있음'의 상태가 되게끔 할 수 있다고 말입니다. 이런 상태라면 '있음' 과 '없음'이 계속해서 반복되어 나타날 수 있겠지요.

하지만 잊지 말아야 할 점은 여기서 '없음'이란 말 그대로 아무것도 없는, 즉 '있음'이 다시 나타날 그 어떤 가능성조차 없는 상태입니다. 따라서 만일 세계 전체가 단 한 번이라도 '없음'이 된 적이 있었다면, 지금 세계엔 아무것도 없었을 것입니다. 아무것도 없다는 말은 그 속에서는 그 어떤 '있음'도 다시는 태어날 수 없음을 의미하기 때문입니다. 이것은 신의 전지전능을 벗어난, 더욱 근원적인 문제입니다. 세계 전체가 단 한 번이라도 '없음'의 상태에 놓였다면, 그것으로 세계는 끝장이었을 것입니다.

따라서 신이 스스로의 전능한 능력을 통해 세계 전체를 '없음'의 상태에 놓았다가 다시 '있음'의 상태로 만드는 것은, '없음'을 가장한 '있음'이 스스로를 은둔하다가 다시 모습을 드러낸 것에 불과하지 않습니다. 그것은 참된 의미의 '없음'이 아닙니다. '없음'인 척하는 '있음'일 따름이지요. 세계는 지금 분명히 존재하고 있고, 따라서 이는 세계 전체가 '없음'의 상태에 놓인 적이 단 한 번도 없음을 의미합니다. 따라서 '있음의 상태가 이전부터 쭉 계속됐음', 이것은 진리로 인정 가능한 또 다른 사실이라 볼 수 있습니다. 만일 세계가 영화 필름과 같이 순간순간 한컷 한컷씩 존재해나가고 이전의 컷은 소멸한다고 해도, 이전의 컷과 그다음 컷 사이에는 완벽한 '없음'의 상태가 놓일 수 없습니다. 그렇게 된다면 뒤에 컷은 존재할 수 없기 때문이지요. 따라서 최소한의 '있음'이나마 계속 존재해 왔다는 것을 의미합니다. 이러한 '없음'에 대해서는 차후에 한 번 더 설명하겠습니다.

자~~ 이제 정리해봅시다. 항상 있는 이 세계가 이전부터 쭉 지속해 왔음 이것은 확정할 수 있는 가장 크고 근본적인 진리이며, 아리스토텔레스에서 하이데거, 고대부터 현대에 이르기까지, 철학자 혹은 사유하는 시민이라면 그 누구라도 공리로서 인정해온 가장 큰 진리입니다. 이러한 '지속되어온 있음' 이란 각 종교·과학 등에서 주장하는, 파편조각으로서의 진리에 선행하는 가장 근본적인 진리이지만, 많은 이들이 이를 망각하고 있습니다. 이러한 상황을 '두 랍비' 라는 짤막한 소설로 설명하고 다음으로 넘어가 봅시다.

언제 꺾었는지도 잊어버렸을 만치 오래된 고목의 가지를 친구 삼아, 일생동안 진리 하나만을 찾아다녔던 한 유대인이 있었습니다. 그가 대자연으로부터 전해 들은 속삭임은 그의 상상과 과장을 거쳐 수많은 대서사시, 신화와, 진리가 되었고, 이 너무 많은 진리는 그가 들르는 마을마다 그를 현자와 랍비로서 불리게 하는 지혜의 향으로써 작용했지만, 이 향은 그가 떠나고 사람들의 이성이 제자리를 찾기 시작하면 여지없이 썩어버려, 그를 비난하고 우습게 여기게 하는 악취가 되고는 했습니다.

그가 갈릴리 호수를 지나가던 어느 날이었습니다. 대지에 끌려 사라지기 직전의 노쇠한 태양이 뿜어내는 최후의 발악과도 같은 빛 몇 줄기를 부여잡고, 거처할 마을을 찾느라 정신없는 노인의 눈에, 평온함과 지혜로 온몸을 둘러싼 듯 훌륭해 보이는 한 젊은이가 하늘을 바라보는 모습이 눈에 들어왔고, 그 모습은 노인 자신이 그 젊은이보다 지혜롭고 훌륭한 자라는 것을 증명해내고자 하는 무의식적인 시험본능을 불러왔습니다. 거처를 찾아야 할 급한 상황임에도 젊은이를 이기고자 하는 본능을 못 이긴 노인은 그 젊은이 옆으로 가, 같이 하늘을 바라보며 말을 이었습니다.

"하늘은 정말 대단하지 않은가? 모든 이의 시선을 품어줄 만큼 끝없이 넓으니 말일세."

"제가 본 건 구름입니다."

"하… 구름. 좋지 좋지 구름. 암. 하지만 그 구름도 하늘에 속해 있는 것이 아니겠는가? 하늘이야말로 저 모든 걸 포괄해 있는 하나의 진리일세."

"제가 본 건 저 산에 걸린 구름입니다."

"산에 걸린 구름이라. 그것도 좋지. 암 좋고말고. 어쨌든 그 산에 걸린 구름도 하늘에 속해 있지 않겠는가?"

노인이 말을 마치는 순간, 산에 걸려 있던 구름이 노인과 젊은이를 향해 달려왔습니다. 이 신비한 현상에 깜짝 놀란 노인은 뒤로 주저앉아버렸지만, 깊은 심호흡, 그리고 향과 미각을 통해 전달되는 구름의 달콤한 맛에 진정을 찾은 노인은 가까스로 억지웃음을 지어 보이며 태연한 척했습니다.

"제가 본 건 이 구름입니다."

"으흠…. 그렇다고 해도 이 구름도 하늘에 속해 있는 셈…."

말을 마치기가 무섭게 구름은 땅속으로 쏙 들어가버렸습니다. 그 광경에 기겁한 노인과 달리, 젊은이는 여유 있게 웃으며 말을 이었습니다.

"제가 본 건 저 구름입니다."

"그… 그래 저 구름이겠지. 어쨌든 저 구름도 하늘에 속해 있는…."

"하하 영감님. 그렇다면 땅도 하늘이겠군요."

"그… 그렇지. 땅도 하늘에…."

순간, 노인의 머릿속은 거대한 쇠망치와 같은 아찔함이 가득했습니다. 부끄러워 아무 말도 할 수 없어 얼굴을 가린 노인의 손을 젊은이가 떼어냈고, 계속해서 말을 이었습니다.

"구름도 중요하지만, 구름 때문에 하늘과 땅을 망각해서는 안 되는 겁니다."

젊은이는 손가락으로 마을이 있는 곳을 가르쳐준 후에 떠났고, 노인은 신비한 현상을 일으키고 자신의 마음속을 꿰뚫었던 그 지혜로운 젊은이에 대한 경외감, 그리고 자신에 대한 부끄러움을 동시에 느끼며, 태양빛이 대지에서 자취를 완전히 감출 때까지 그 자리에 멍하니 서 있었습니다.

나-2 세계는 완벽하며, 모순은 존재할 수 없다

이렇게 늘 존재하는 세계에서 확인할 수 있는 또 다른 사실은 무엇일까요? 그것은 세계에는 그 어떤 모순도 없다는 것입니다. 고대 소아시아 밀레토스에서 태어난 철학의 아버지 탈레스^{Thales, 기원전 624?~546?} 때부터 수없이 제기되고 부정되었던 세계에 대한 의문점들….

하지만 이제껏 부정된 것은 해당 철학자의 사상 내에서의 세계이지, 이 세계 그 자체는 아닙니다. 철학자들의 그것과는 무관하게 이 세계 자체는 항상 모순 없는 상태로 채워져 있습니다. 여기에서 모순이란 동시에 존재할 수 없는 두 개의 사물, 사실들이 동시에 존재하는 것을 의미하며, 헤겔이 말하는 모순의 개념과는 다릅니다. 이는, 세계는 모든 존재들이 지금 당장 숨김없이 그대로 발현되는 곳이기 때문이고, 이곳에서는 예행연습이 있을 수 없기 때문입니다.

모순이 존재할 수 없음은 당연합니다. 만일 A를 존재할 수 없게 하는 B라는 요소가 있다면, 진작 A는 존재하지 않았을 것입니다. 즉 A와 B는 결코 동시에 존재할 수 없지요. 가령 우리가 문제 삼는 "우주 밖에 과연 다른 세계가 있는가" 하는 문제에 관해 모순이 있다면, 세계는 결코 현실화될 수 없을 것입니다. 모순되는 양자는 결코 동시에 존재할 수 없기 때문입니다. 어떻게 우주 밖에 세계가 있는 동시에 없을 수 있겠습니까?

미국의 철학자 콰인^{Quine, 1908~2000}이 예로 든, '버클리 대학의 둥근 사각형 지붕' 또한 마찬가지입니다. 둥글면서 동시에 네모난 것이 어떻게 같은 곳에 있을 수 있겠습니까? 둥긂과 네모남이 조금씩 섞인 '혼합된 형태의 둥근 사각형' 혹은 '네모 속에 들어 있는 둥긂'은 분명 존재할 수 있지만, 그 어떤 경우에도 둥긂과 네모남의 특성이 각각 100퍼센트 모두 섞인 형태가 결코 한곳에 존재할 수 없으며, 이는 비단 둥긂과 네모남에 국한되는 문제가 아닌, 세계의 모든 것에 해당하는 문제입니다.

따라서 세계 전체는 불완전한 것이 아닌, 하나의 확정된 상태를 통한 완벽한 형태를 취하고 있으며, 이 완벽한 형태는 모순 · 모호 등의 불완전함이 세계에 존재할 수 없음을 보여줍니다. 만일 이제껏 모순이라 생각했던 두 상황이 동시에 이 세계에 실존하고 있음이 목격되었다면, 그것은 이 세계에 모순이 존재하고, 따라서 세계가 불완전하기 때문이 아니라 기존에 인간이 규정했던 모순의 가짓수 가운데 한 쌍이 틀렸음을 의미합니다. 세계의 모든 곳은 항상 완벽해야 하며, 모순이 없어야 합니다. 그렇지 않은 곳은 모순이 되므로 존재가 될 수 없기 때문입니다.

정리해봅시다. 세계는 완벽하고, 이곳엔 그 어떤 모순도 없습니다.

오랫동안 해온 말장난 중 가장 대표적인 것은 '없음' 비존재입니다. '없음' 이란 '그 어떤 것으로도 채워져 있지 않음' 이라 정의할 수 있는데, '채워져 있지 않은 것' 으로서의 어떤 것은 과연 세상에 있는 것일까요 없는 것일까요? 이것은 플라톤을 비롯해 옥캄, 더 나아가 현대철학에 이르는 철학사에 있어 가장 애물단지 명제임이 분명합니다만, 결국 말장난에 지나지 않습니다.

'없음' 에 대해 어떻게 이해하고 계십니까? '없음' 이란 말 그대로 '아무것도 없음' 입니다. 공허한 상태를 뜻하는 것도 아닙니다. '없음' 이란 그 어떤 공간·존재 등을 지니지 않는, 아무것도 없음을 의미하기 때문입니다. 이러한 '없음' 은 '공허함이든 뭐든 아무것도 가지지 않음' 으로 설명될 수 있습니다.

자, 그렇다면 봅시다. '아무것도 가지지 않음' 인 '없음' 에서 '있음' 이 나올 수 있을까요? 절대 없습니다. 아무것도 없는데 거기서 뭐가 나오겠습니까? 여러분들이 곰곰이 생각해보셨을 '없음' 의 개념인 '공허함' '텅 비고 암흑과 같이 깜깜한 상태' 등등은 모두 '있음' 의 영역이지 '없음' 이 아닙니다. '없음' 이란 영역이든 뭐든 아무것도 없음없는 '것' 도 아닙니다. '것' 이란 '있음' 의 영역에 속함으로, 그냥 '아무것도 없음' 그자체로 이해해 주시기 바랍니다이기에 인식될 수도, 인식될 필요도 없습니다.

따라서 '없음' 에서 무언가가 나온다는 것은 말장난에 지나지 않습니다. '없음'에서 존재가 이어질 수는 결코 없습니다. 아무것도 없다는 말은 거기에서 무언가가 나올 확률 자체가 없다는 의미이기 때문이지요. 따라서 '없음'이란 현실 속에서는 결코 실존할 수 없는 가상의 개념입니다. '아무것도 없음'이기에 이 세계 속에선 그 어떤 방식으로도 현실화되어선 안 되기 때문입니다.

그것이 제아무리 작고 특이한 형태의 '없음'이라 해도 '없음'이라 불릴 그 어떤 상태가 이 세계에 자리 잡게 된다면, 그것은 더 이상 '없음'이 아닌 '있음'이 되기 때문입니다. 그러므로 '없음'은 이 세계에 없는 개념이어야만 하며, 이 세계에 없기 때문에 실존하는 개념이 아닌, 가상의 개념이 되는 것이지요.

이러한 '있음'과 '없음'의 문제는 차원과 시간, 공간을 초월하는 가장 근본적인 문제입니다. 제아무리 멋들어지고 좋은 법칙이 있다 한들, '없음'에서 '있음'을 만들 수 없습니다. 다만 '있음'의 영역을 확장시킴으로써 '있음'의 영역을 만들 뿐이지요. 이렇듯 '있음' 그리고 '없음'의 문제는 세계의 본질적인 제1차적 문제이고, 나머지 차원·시간 등의 문제는 그 존재를 통해 펼친 제2차적 문제입니다. 다시 말해 자연과학적 지식은 '존재', 그 차후의 문제인 것입니다. 4차원이든 공간이든 '없음'에서 생겨날 수는 없으므로, 이미 존재하고 있는 것으로부터의 창조, 확장으로서 이해될 수 있습니다. 지금도 그리고 앞으로도 '없음'이라는 말장난에 절대 휘둘리지 않으시기를 바랍니다.

이렇듯이 '없음'은 그 자체가 말장난에 불과하지만, 과학적·형이상학적 세계관에는 그럴싸하게 받아들여지는 문제입니다. 어째서 그런지는 뒷 단원에서 다루도록 하고, '없음'에 대해서는 이정도로 정리하고 넘어가도록 하겠습니다.

세계에 '없음'이란 존재할 수 없다는 것은 한 가지를 의미합니다. 세계는 '있음'만으로 구성된다는 것입니다. 이 세계에는 그 어떤 '없음'도 없으므로 '있음'으로만 구성됨이 당연하겠지요. 그렇다면 이제 '있음', 즉 존재에 대해 다뤄보도록 합시다.

세계는 실재하는 것으로만 이루어져 있습니다. 앞서 예로 들었듯이 우주 밖에 또 다른 세계가 있는지 없는지는 우리만이 모를 뿐, 그것에 해당하는 구체적인 상황은 이미 확정되어 있을 수밖에 없듯이, 세계의 모든 것은 확정된 하나의 실재하는 상태에 놓여 있음이 분명합니다. 그렇다면 실재한다는 것은 대체 무엇을 의미하는 것일까요? 실재하는 것은 다음과 같은 다섯 가지 내용을 반드시 충족해야만 합니다.

첫째, 구체적이어야 함

앞서 말했듯이 세계는 모순 없이 확정된 하나의 상태를 가질 수밖에 없고, 이는 세계의 모든 것이 구체적으로 존재한다는 것을 의미합니다. 지금 당장은 없지만 앞으로 있을지도 모를 존재, 그리고 명확하지

않은 추상적 존재 따위는 결코 구체적인 것이 아니지요. 가령 희망이라
는 감정을 예로 들어 봅시다. 물론 여기서 말하는 희망이란 모든 이들
에게 통용되는 보편적·추상적 개념으로서의 희망이 아니라, 개개인
이 '희망'으로서 인식하는 어떠한 심적 상태를 말하는 것입니다.

　어쨌든 우리에게 인식되는 이러한 희망이라는 감정은 뇌 분비물
질 등으로 구성된 구체적 산물이지 추상적 산물이 아닙니다. 만일 그러
한 구체적 산물이 없었다면, 우리에게 있어서 희망에 해당하는 어떠한
감정은 일어나지 않았을 것입니다. 또 앞에서 예로 든 버클리 대학의
둥글고 네모난 지붕이 있습니다. 둥글면서 네모난 존재는 동시에 존재
할 수 없고 그러므로 실존하는 것은 모두 이렇게 구체성을 띠어야만 합
니다.

　존재하는 모든 것은 반드시 구체적이어야만 합니다. 신의 은총,
시인의 영감, 죽음의 향기, 이상理想에 대한 상상, 무의 세계, 카니발 축
제, 모닥불 앞에서 느끼는 원초적 감각 등 존재하는 것이라면 모두 하
나의 확정된 상태인 구체성을 띠어야만 합니다.

　가령 신이 3일 후에 기적을 베푼다고 해도 비록 기적이 베풀어지
는 것은 3일 후라는 시간이지만, 그 기적을 베풀고자 준비된 상태가 지
금 당장 있어, 그것이 사흘 동안 지속하여 기적으로 이어지거나, 아니
면 이 세계 자체가 언제라도 신의 명령에 의해 기적을 일으킬 수 있는
개방된 상태를 유지해야만 합니다.

　기적의 바탕이 되는 지금 당장의 양태는 사흘 뒤의 상태와 달라도

상관없습니다만, 어쨌든 그러한 것 자체는 지금 당장 있거나 아니면 그러한 것의 상태로 만들어질 가능성을 가지고 있어야만 합니다.

이렇듯 존재하는 것은 반드시 하나의 구체성을 가져야 하며 인과율에 따라 작용해야 합니다. 동시 두 개의 구체를 가지거나 혹은 구체적이지 않은 두 개의 것이 겹쳐진 형태, 그리고 '없음으로서의 존재' 등은 그 어떤 경우에도 성립될 수 없습니다.

둘째, 형태를 가져야 함

구체성을 가지고 실존한다는 것은 무엇을 의미하느냐 하면 확정된 형태를 가지고 있음을 의미합니다. 구체적인 것이 그 어떤 형태도 가지지 않을 수는 없습니다. 아무 형태도 가지지 않는다는 것은 '없음'과 다를 바 없고, 모호한 형태 그리고 다른 두 개의 형태를 동시에 가진다는 것은 세계의 구체성에 어긋납니다. 존재하는 그 어떤 것이라도 정해진 구체적 형태를 가져야만 합니다.

가령 불분명하게 생긴 어떠한 것이 관찰된다고 해서 불분명한 어떠한 것이 존재하고 있는 것이 아닌, 인간의 눈에는 불분명하게 보이는, 하지만 실제로는 '그런 식으로 생긴 분명한 어떤 것이 존재하고 있음'을 의미합니다. 그것이 그것으로서 있으려면 반드시 구체성과, 구체성에 따른 형태를 가져야만 합니다.

여기에서 형태는 육안으로 관찰되고 되지 않고 간의 문제가 아닙니다. 가령 에너지는 육안으로 관찰할 수 없는 존재지만, 어쨌든 그런 에너지가 그렇게 구체적으로 놓여 있음은 부정될 수 없듯이 말이지요.

셋째, 자리 잡고 있어야 함

구체성을 가지고 거기에 따라 형태를 가지고 있다는 것은 무엇을 의미할까요? 그것은 항상 구체적인 공간 속에 자리 잡고 있어야만 함을 의미합니다. 구체성과 형태를 가짐에도 그 어디에도 없다면, 그것은 존재가 될 수 없음이 당연하겠지요. 아무 데도 없다면, 구체성과 형태를 지닌 것이 자리 잡고 있을 곳은 대체 어디겠습니까?

존재하는 것은 항상 구체적 공간 속에 자리 잡고 있어야만 합니다. 가령 야구공을 제아무리 빠르게 던져도 야구공은 지금 당장 어떠한 구체적 위치에 반드시 놓일 수밖에 없듯이 말입니다. 이러한 야구공과 마찬가지로 존재하는 것이라면, 어디에서 어디까지에 걸쳐 모두 구체적인 곳에 자리 잡고 있어야만 합니다. 존재하는 것이라면 몽땅 다 말이지요. 만일 위대한 대마법사가 있어, 자신이 원하는 곳으로 순식간에 자신의 몸을 순간이동 할 수 있다고 해도, 대마법사는 늘 자신의 구체적인 위치를 가지고 있을 수밖에 없습니다.

가령 순식간에 자신의 몸이 분해되어 원하는 곳으로 타키온의 속도로 이동하는 것이 순간이동의 원리라면, '분해되어 고속으로 이동하는 과정'이라는 구체적 형태의 위치를 가지는 셈이고, 또한 이동의 형태 대신 자신의 현재 몸의 모든 것을 소멸시키고, 대신 자신이 이동할 곳에 있는 물질들을 모아 현재 자신의 몸 형태로 조합한다고 해도, 지금 자신의 몸 형태에 해당하는 정보가 그곳에 있어야지만 재조합이 가능하므로, '그 정보가 이동하는 과정'이라는 구체적 형태를 띠는 셈이 됩니다.

따라서 그 어떤 방식으로든, 대마법사는 항상 구체적인 공간 속에 포함될 수밖에 없는 것입니다. 동화 속의 신비한 마법사든, 만화책의 초능력자이든 그 누구도, 그 무엇도 항상 구체적인 위치에 자리 잡고 있을 수밖에 없습니다.

넷째, 공간과 함께해야 함

앞서 말한, 구체적인 위치에 놓여 있다는 것은 무엇을 의미하는 걸까요? 어디에 놓여 있다는 것일까요? 바로 공간입니다. 공간이란 '있는 모든 것이 담긴 곳'입니다. 세계는 있을 수밖에 없고, 그 '있음'이 있으려면 그것이 담긴 공간이 있을 수밖에 없습니다. 앞에서도 말했듯이 구체성과 형태를 지니고 있음에도 불구하고 그 어디에도 없는 것은 존재할 수 없기 때문이지요.

형태를 가지고 구체성을 가진다는 말은 '크기'를 가진다는 말이고, '크기'란 공간 속에 놓일 수밖에 없으므로 존재는 그 어떤 것이라 할지라도 공간 속에 포함될 수밖에 없는 것입니다. 아주 작디작은 초끈의 파편 한 조각일지라도 말이지요. 드러나지 않고 숨겨져 있는 존재는 있을 수 없으며, 이렇듯이 공간은 세계의 모든 존재를 드러내주는 구체적인 장소입니다.

이렇듯 '있음'이 존재하려면 공간이 필요하고, 반대로 공간이 존재하려면 '있음'을 필요로 합니다. 공간은 '무언가로 채워진 곳'을 의미하므로, 그 스스로가 스스로를 채울 수는 없는 것이지요. 가령 우주 한 곳에 무색의 진공으로써 채워진 구역이 있다고 해도, 그곳은 공간 그 자체가 아니라 무색의 진공이라는 구체적인 존재로서 채워진 공간입니다.

'공간'과 '있음'은 결코 서로 떨어질 수 없습니다. 공간을 피해 숨겨져 있는 '있음'은 결코 존재할 수 없고, '있음'을 피해 숨겨져 있는 공간 또한 결코 존재할 수 없습니다. 존재방식이 제아무리 특이한 '있음'이 있다고 해도, 그런 '있음' 또한 그러한 특이한 존재방식을 가지고 있으므로, 그런 특이한 존재방식은 공간 속에 포함되어야만 합니다.

반대로 공간 또한 반드시 '있음'으로 채워져 있어야만 합니다. 공간으로부터 피해 있을 수 있는 유일한 존재는 바로 '없음'인데, 앞서 말했다시피 '없음'은 그저 말장난일 뿐입니다.

이러한 공간의 특징은 불분명한 존재가 세계에 있을 수 없음을 보여주는 근거입니다. 공간 그 자체는 분명 구체적입니다. 모든 공간은 그 크기가 계산될 수 있으며, 그 끝에 이르기까지 미세화할 수 있습니다. 즉 어디서부터 어디까지가 명확하게 계산될 수 있는 곳입니다.

따라서 그 속에선 그 어떤 것이 놓이더라도, 공간내의 구체적인 특정 위치를 차지하게 되므로, 불분명한 그 어떤 것이 놓일 수 없습니다. 공간 속에 자리 잡고 있다는 것 자체가 이미, 그것이 분명한 어떤 것^{구체적 존재}임을 증명하는 것입니다. 이것은 제논의 역설 중 "날아가는 화살은 실은 정지해 있다"와 같이 궤변적이고 해괴망측한 것이 아닙니다.

이것에 대해 다시 설명하자면 비록 놓인 공간 그 자체는 분할될 수 없다 해도, 측정될 수 있는 구체적인 기준 자체는 공간 속에 포함된 것으로 보아야 합니다. 예를 들어 10센티미터로 이루어지는 공간을 1센티미터×10으로 직접 분리할 수 없다 해도 어쨌든 총량이 10센티미터로 계산 할 수 있고, 그것을 1×10으로 나누어 생각할 수 있습니다.

이러한 것이 가능한 이유는 공간이 자신의 영역 내를 자유로이 계산할 수 있도록 자유성을 품고 있기 때문입니다. 공간은 10센티미터 단위, 1센티미터 단위, 0.1센티미터 단위 등등으로 자유자재로, 그리고 공정하게 쪼개어 계산할 수 있으며, 그러한 것을 방해하는 존재는 없습니다.

공간은 그 속에서 모든 것이 가능하도록 열린 곳이며, 정확한 곳입니다. 따라서 공간 속에 불분명한 어떤 것이 놓일 수는 없습니다. 공간이란 어디까지나 구체적 존재이며, 그 속의 모든 것이 계산될 수 있는 완성되고 명확한 곳입니다.

이러므로 '있음'과 '공간'의 범주는 항상 같다고 볼 수 있습니다. 이 둘은 떨어지려야 떨어질 수 없는 존재로서 서로를 이끌며, 동시에 서로에 기대는 존재입니다. 이렇듯 공간은 '있는 모든 것'이 구체적으로 드러나는 장소입니다. 존재는 공간을 수반하고, 공간은 존재를 매개합니다. 그 둘을 초월해 있는 다른 어떠한 존재는 있을 수가 없습니다.

다섯째, 지금 당장 있어야 함

구체적인 형태를 가지고 공간 속에 자리 잡고 있다는 것은 무엇을 의미하는가? 그것은 세계의 존재하는 모든 것들이 '지금 당장 있다는 것' 을 의미합니다. 지금 당장 없는 것이 구체를 가지고 형태를 가지는 건 당연히 불가능할뿐더러 존재에 해당하는 것이 지금 당장 없다면, 그것은 존재 자체가 없는 것이지요. 지금 당장 없는 것은 그 어떤 방식으로도 '있음' 이 될 수 없습니다.

이렇듯 '지금' 은 세계 모든 존재의 총합입니다. 따라서 세계의 모든 것, 즉 구체적으로 드러나 있는 공간과 시간, 존재내용은 지금 몽땅 하나로 엮여 있는 것이고, '지금' 으로써 세계 전체가 둘러싸여 있는 셈입니다. 세계는 모두 '지금' 속에 있어야만 하며, 그것을 초월해 있는 과거의 존재·미래의 존재·미지의 존재 등은 있을 수 없습니다. 그것은 과거, 미래, 미지인 것처럼 보이지만, 실은 현재 속에 포함된 것일 뿐입니다.

가령 세계가 네 구역으로 나뉠 수 있고, A 구역은 모든 것이 정지된 곳, B 구역은 모든 것이 활발한 곳, C 구역은 무의 세계, D 구역은 카오스세계라고 할 때, 이처럼 전혀 다른 양태를 보이는 네 장소라 할지라도, 존재하기 위해서는 지금 당장 그곳에 실존해야만 하고, 따라서 세계 속에 구체적인 형태로 드러나야만 합니다.

아테네 학당을 풍성히 채우는 다양한 학자들. 하지만 제아무리 개성 있는 학자들이라 해도 모두 그림판을 벗어날 수 없듯이 존재는 이렇듯 '지금'으로부터 벗어날 수 없다.

그렇다면 결국 그것은 하나로 묶인 것으로 볼 수 있는 것입니다. 그 A, B, C, D 사이에 '뚫을 수 없는 벽'이 존재해 그 넷이 만날 가능성이 전혀 없다 해도, 어쨌든 그것들이 존재가 되려면, 지금 당장 그곳에 있어야만 하고, 그렇게 현존해 있는 이상 그것은 모두 '지금'의 범주를 벗어날 수 없는, 동일한 범주 속의 존재에 지나지 않습니다. '지금'으로부터 초월해 있는 존재는 있을 수 없습니다. '구체'와 '형태'로부터 벗어난 존재는 있을 수 없듯이 말이지요.

이렇듯 '지금'은 시간과 공간을 초월하는 것이며, 존재하는 모든 것이 놓인 곳에 해당합니다. 존재하려면 그 어떤 양태를 지니는 것이라고 해도 지금 당장 그곳에 놓여 있을 수밖에 없으며, 따라서 존재는 모두 하나로 묶인 가장 큰 존재입니다. 르네상스 시대의 화가 라파엘로의 저 유명한 작품인 아테네 학당을 보십시오. 손가락으로 하늘을 가리키는 플라톤과, 현 세계를 가리키는 아리스토텔레스, 책상에 팔을 기대 무언가를 골똘히 생각하는 헤라클레이토스에 이르기까지 수많은 학자가 자신의 개성을 담은 채 저 커다란 벽의 이곳저곳을 채우고 있지만, 결국 그 모든 캐릭터는 '거대한 벽'이라는 그림판 속에 속해 있지 않습니까?

이렇듯 존재하는 모든 것은 '지금'이라는 거대한 그림판 속에 속해 있을 수밖에 없으며, 따라서 세계 전체는 '지금'이라는 구체성을 가지고 있고, 이것은 세계의 모든 것과 연결되어 분절 없이 지속됩니다. '지금'은 차원과 시간, 공간을 모두 통합하는 세계의 총체입니다. 이것은 존재론의 핵심에 해당하는 내용이며, 인간의 인식을 넘어서는 근본 적인 것입니다.

정리하겠습니다. 이제껏 언급한 다섯 가지 내용, 즉 구체적이어야 함, 형태를 가져야 함, 자리 잡고 있어야 함, 공간과 함께해야 함, 지금 당장 있어야 함 이것은 존재하는 것이라면 그 무엇이라도 갖추어야만 하는 필수적인 조건들입니다.

나-4 무한이라는 모순

우리는 몇몇 개념을 아주 당연하다는 듯 받아들이는 데 익숙한데, 그중 가장 대표적인 것 중 하나는 '무한'이라는 개념입니다. 그 누구라 도 정의할 수 있듯이 무한이란 숫자, 세계의 어떠한 사물 등의 크기와 개수, 그리고 그것이 만들어내는 사실의 개수 등이 한계 없이 클 수 있 음 혹은 작을 수 있는 상태입니다. 이것이 뭐가 문제인지 의문을 가지 실 분들이 많으리라 생각하지만, 그러한 분들이라 할지라도 무한의 존 재를 명석 판명하게 논리적으로 증명해낼 수는 없을 것입니다. 무한은 결코 증명될 수 없기 때문입니다.

물론 수학에서의 '무한'은 성립될 수 있습니다. 수학이란 세계를 있는 그대로 반영한 학문이 아닌, 세계를 대상으로 삼아 만들어낸 언어 규칙이기 때문입니다. 개인이 쓴 소설 속에 전지전능한 신을 등장시켜 무한한 힘을 발휘하게 하는 것은 충분히 가능합니다.

하지만 그것은 어디까지나 소설 속에 실린 짤막한 문장인 "신은 무한한 힘을 가지고 있다"에 불과할 뿐, 그것이 이 세계의 실재하는 어떤 게 되는 것은 결코 아니듯이 수학에서 정의하는 무한의 개념도 소설 속 짤막한 문장에 지나지 않습니다.

끝없이 뻥 뚫린, 가상의 체계인 '무한'을 실존하는 것이라고 자신들의 수학책에 암묵적으로 약속해놓았지만혹은 있을지도 모른다는 가능성을 남겨 놓았지만, 이것을 세계에 입장에도 적용시킬 수 있을까요? 이제부터 그것에 대해 차근차근 살펴보도록 합시다.

무한이란 상태가 가능하기 위해서는 처음부터 무한이어야만 합니다. 유한의 상태에서 무한이 될 수는 없습니다. 정해진 총체를 가진 상태에서 무한의 상태로의 생뚱맞은 창조는 불가능하기 때문입니다. 이는 창조라는 과정이 인과관계를 수반하기 때문에 일어나는 현상입니다. 전지전능한 신이라 할지라도, 유한에서 무한을 창조할 수 없으며, 오로지 세계의 모든 구역에 자신이 의도하고자 하는 어떤 산물들을 채워 넣거나, 아니면 세계의 총체를 확장해나가는 것만이 가능할 뿐입니다.

물론 확장해나가는 과정은, 어디까지나 확장일 뿐, 무한 그 자체에 해당하는 것이 아니고, 순간순간 정해진 총체를 가지고 있을 수밖에 없는 유한의 상태를 의미하는 것입니다. 확장하기 위해선 공간과 그것을 채울 '있음'을 확보해야 하며, 그러한 것들을 확보하는 시간은 결코 지금의 세계 총체와 동시에 존재하는 것이 아닌, 세계 총체에서 시간을 경과해 만들어가는, 인과율적인 관계에 의존하는 존재일 뿐입니다.

쉽게 말해 지금 당장 고정적인 영토를 가지고 있는데, 어떻게 순식간에 그 영토를 무한대로 늘릴 수 있는 것이 가능하냐는 것입니다. 무한의 영토에 도달한 적도 없는 신이 아주 짧은 시간 내에 어떻게 세계를 무한으로 늘일 수 있겠습니까? 그러므로 자연스레 '무한'의 경지로 가는 것도, 전지전능한 신적 창조로써 '무한'의 경지로 가는 것도 모두 불가능한 것일 뿐이며, '무한'이라는 개념이 존립할 수 있는 경우의 수는 처음부터 무한인 경우일 뿐입니다.

그렇다면 세계가 처음부터 무한인 상태, 과연 이것이 가능할 것인가? 이 질문을 던지기 전에 당신이 가진 최고의 상상력을 바탕으로 무한을 상상해 보십시오. 상상할 수 있습니까? 그 어떤 표상으로써 무한에 대한 상상이 가능합니까? 물론 개념 자체는 떠올릴 수 있겠지요. '끝이 없는 것'이라는 개념 말입니다.

하지만 이런 식으로 따지자면 용도 떠올릴 수 있고, 유니콘도 떠올릴 수 있으며, 유토피아도 떠올릴 수 있을 겁니다. 문제는 현실이 그러한 이상을 따라가지 못한다는 겁니다. 그렇게 상상력이 덧붙여져 언어화된 결과물 외에, 그러한 '무한' 그 자체가 과연 실재할 수 있을까요?

조금만 생각해본다면 이는 불가능한 것임을 알게 될 것입니다. 고정된 어떠한 공간을 딛고서 넓혀져 나가는, 확장의 상태는 존재할 수

있을지 몰라도 이미 무한해진 상태 그 자체 고정 누구도 떠올릴 수 없
습니다. 가령 상상을 통해 우주 저쪽에 뻥하고 구멍을 뚫어놓고서 그곳
을 무한이라 믿는 것은 사실에 근거한 것이 아닌, 소박한 상상에 불과
한 것입니다.

　이런 식으로 치자면 모래로써 지평선을 긋는 이집트의 사막도 무
한하며, 만리장성도 무한하고, LCD모니터를 통해 비치는 초원 풍경 사
진 또한 무한한 것입니다. 누구든 용을 떠올릴 수는 있지만, 대부분의
사람은 용이 가상의 동물이라 생각합니다. 하지만 그 누구도 '무한'을
떠올릴 수 없지만, 상당수의 사람은 '무한'이 실존한다고 믿습니다. 이
거대한 모순 앞에 그 무엇을 느끼든 그것이 결코 자랑스러운 느낌은 아
니리라 생각합니다.

　그렇다면 이러한 '무한'이라는 개념이 생긴 원인은 무엇일까요?
이는 수학적 추상성에 기인합니다. 우리는 1 뒤에 2를 만들 수 있고, 2
뒤에 3을 생각할 수 있습니다. 이렇듯 숫자는 끝없이 커지거나 작아질
수 있고, 이런 식으로 생각해나가다 보면 수 자체가 이미 무한히 주어
져 있는 것이라 착각할 수도 있는 것입니다.

　하지만 이것은 덧셈이라는 체계 자체가 그 값을 지속적으로 높여
갈 수 있는 체계이기에 가능한 일일 뿐, 1에서 3을 더하기 이전에 4가
이미 실존하고 있었던 것은 아니라는 점에 주목해야 합니다. 즉 숫자
4는 당신이 3에다 1을 더하는 순간 생겨난 창조물일 뿐, 이미 주어진
것이 아니라는 것입니다. 이러한 수학적 오류, 즉 무한한 숫자가 이미

주어져 있다는 착각은 형이상학에서 버려야만 하는 구시대의 유산입니다.

물론 그렇다고 해서 이것이 '무한'이란 개념이 존재하지 않는 데 대한 결정적인 근거가 되지는 못합니다. 그렇게 치자면 우리는 오로지 인식될 수 있는 것과 경험할 수 있는 것만으로 진리를 꾸려나가야만 할 테니 말이지요.

하지만 어쨌든 '무한'이라는 개념이 실제의 지식을 통해 확보된 개념이 아닌, 상상으로써 만들어낸 가상의 개념이라는 명백한 근거는 일단 확보한 셈입니다. 즉 무한이라는 개념은 인간이 상상력을 토대로 만들어낸 규칙이라는 것을 짚고 넘어갑시다. 그 누구도 무한을 증명해낼 수 없고, 따라서 더는 근거 없이 이 고대 악마의 농간에 놀아나서는 안 됩니다.

그렇다면 인간의 상상력을 통해 만들어진 무한 말고, 이미 주어진 '무한'이 존재할 수 있는가에 대해 생각해봅시다. 우리가 머릿속에 그려낸 용이라는 가상의 동물이 우리가 경험하지 못한 세계 한 곳에 우연히 살고 있을 수도 있듯 (콰인이 예로 든 와이만의 과밀한 우주 속에 사는 용과 같이) 무한이라는 개념 자체가 만들어진 것은 관념의 거짓에 의해서였지만, 우연히 그러한 '무한'이라는 상태가 실존하고 있을 수도 있기 때문입니다.

하지만 세계의 모든 것은 '지금 당장 있는 것'입니다. 따라서 무한은 이미 놓인 것 혹은 지금 당장 놓이고 있는 구체적인 상태와 존재가 되어야 합니다. 즉 이미 놓인 그리고 놓이고 있는 무한이 지금 당장 존재하고 있어야만 무한이 무한으로서 성립할 수 있지요. 물론 이렇게 생각할 수도 있습니다. '앞으로 무한하게 놓일 것을 미리 이곳에 놓고 있는 존재로서의 무한'과 같은 개념으로서의 무한이 있다고 말이지요.

이러한 종류의 무한은 시공과 차원을 초월하는 존재로서의 무한입니다. 하지만 앞서 밝혔듯 '지금'은 시간·공간·차원·존재방식 등을 모두 포함한 가장 근본적인 존재의 총체에 해당하는 것입니다. 그 끝의 확정될 수 없는 추상적인 어떠한 것이 지금이라는 구체적 현실 속에 지금 당장 놓일 수는 없습니다.

이러한 입장에서 생각해봅시다. "이미 놓인 무한이 그리고 놓이고 있는 무한이 지금 당장 존재하고 있다." 여기에서 어떤 굉장한 위화감 같은 게 느껴지지 않습니까? 아직 못 느끼셨을 분들을 위해 설명에 들어가도록 하겠습니다.

세계의 무한한 저 끝은 존재할까요, 존재하지 않을까요? 이것은 존재할 수도, 존재하지 않을 수도 없는 모순에 놓입니다. 우선 세계의 무한한 저 끝은 존재해선 안 됩니다. 존재한다는 말은 지금 당장 구체적으로 놓여 있다는 말이고, 그것은 그것에 해당하는 어떠한 상황이 이미 다 드러남을 의미합니다.

그렇게 이미 다 드러나 모든 것이 구체적으로 놓이는 그 순간 어떤 일이 생길까요? 유한이 되어버립니다. 무한이란 지금 당장 놓여

피타고라스의 흉상

무한의 개념은 피타고라스의 제자가 발견했다고 알려졌다. 하지만 엄밀히 말해서 그건 발견이 아닌 발명에 불과하지 않는다.

있어서는 안 되는 존재이기 때문에 구체가 될 수 없습니다. 어떻게든 그 끝이 없어야만 합니다.

하지만 그렇다고 해서 구체적인 것이 되지 않을 수도 없습니다. 구체적이지 않은 것은 존재가 아니기 때문이지요. 제아무리 무한이라 해도, 무한도 존재인 이상 지금 당장 놓여야 하며, 그렇게 당장 놓일 수 없는 존재는 무한이 될 수 없게 되는 것입니다. 이 놓일 수 없는 존재는 무의 상태를 말하는 게 아닌 '없음'을 말합니다. 다시 말해 '아무것도 없음'을 말하는 것입니다.

'없음'은 존재 자체를 가지지 않는 가상의 개념이므로 세계를 무한의 장소로 이끌어낼 수 없습니다. 즉 무한은 구체가 될 수도, 구체가 되지 않을 수도, '없음'이 될 수도 없는 모순의 상태에 빠지게 되는 것입니다. 이렇듯 기댈 데가 하나 없는 이러한 녀석을 세계에 실존하는 어떠한 것이라 주장할 수는 없습니다. 따라서 '이미 무한한 상태'는 존재할 수 없습니다. 존재하는 그 순간 그것은 유한한 상태가 되어버리기 때문입니다.

무한이 존재할 수 없는 근거는 하나 더 있습니다. 바로 '무한의 범주계승' 문제입니다. 만에 하나 무한이 존재한다고 해도 그것은 '지금'이 연속되는 순간 파괴되어 버립니다. '지금'은 이미 놓인, 그리고 지금 당장 놓인 세계의 총체이므로 항상 정해진 값이며, 단절된 것이 아닌 연속되는 것입니다.

여기에서 연속된다는 말은 곧 이전 상태에 해당하는 범주가 그대로 계승된다는 것을 의미하기 때문입니다. 즉 무한이 있다고 해도 그 무한에 해당하는 범주는 '지금'이라는 전체적인 상태가 이어지는 동안 계승되게 되고, 그 순간 무한은 유한이 되어버릴 수밖에 없습니다.

다시 말해 지금이 지속되는 순간 무한은 소멸되는 것입니다. 무한에 해당하는 상태는 결코 현실 속에 놓일 수 없습니다. 놓이게 된다면 반드시 구체적 범주를 가져야만 하며, 그 순간 무한은 성립될 수 없기 때문입니다. 이것이 '무한의 범주계승' 문제입니다.

이것을 극복할 유일한 방법은 '지금'에 해당하는 최소점이 단 한 점이 되는 것뿐입니다. 물론 이것은 불가능하지요. 그 누구라도 '점'과 '선'의 개념은 잘 알고 있고, 동시에 그런 '점'과 '선'의 개념은 이 세상에 존재할 수 없는 것임 또한 잘 알고 있지 않습니까? '점'과 '선'을 가장한 '면'만이 있을 뿐입니다.

이렇듯 '지금'은 분절될 수 없고, 최소화시킬 수 없고, 제거할 수 없는 '면'과 같은 것이며, 그것을 억지로 떼어내 '점'과 '선'에 해당하는 '무한'을 만들어낼 수는 없습니다. 즉 '지금'을 초월해 있는 '무한'은 만들어질 수 없습니다. '무한'이란 녀석은 '지금'이 따라잡지 못할 곳으로 끊임없이 도망치며, 자신을 넓혀보려 바동대는 한심한 녀석일 뿐입니다.

도망치면 도망칠수록, 자신을 넓히면 넓힐수록 '지금'에서 벗어날 수 없음만을 느낄 뿐입니다. '지금'이라는 구체적 상황으로부터 초월해 있는 '무한'은 결코 존재할 수 없습니다. 무한도 존재인 이상 세상 속에 다 드러나야만 하고, 그 드러난 것의 바깥에서 무언가를 찾는다는 것은 관념의 장난밖에 되지 않습니다.

힐베르트의 무한 호텔 또한 무한일 수는 결코 없다. 무한처럼 보이지만, 최소와 최대를 반드시 가지는 그러한 상태일 수밖에 없다.

이것들은 '무한'이란 실존하지 않는 개념임을 보여주는 근거입니다. 이렇듯 "무한한 세계 혹은 무한이 존재하고 있다"는 무책임한 말이며, 무한은 세계에 실재하는 개념으로서 받아들여질 수 없습니다. 무한이란 인간이 멋대로 만들어낸 개념일 뿐, 세계 속에 실존하는 어떠한 것이 아닙니다.

물론 이렇게 반박할 수 있습니다. "사변적이고 논리적인 네 생각이야 어쨌든 끝없이 세밀한·원소·색·면 등은 지금 당장 존재하고 있으니 무한이란 실존하는 것이 아니냐?" 거기에 대해서는 뒷 단원에서 설명하도록 하겠습니다. 왜냐하면 그것에 대해 설명하는 것이 이 철학서의 핵심부분이기 때문이지요.

무한에 대한 설명은 이것으로써 끝내겠습니다. 이해를 더 돕고자 '피타고라스의 심판'이라는 제목의 짤막한 소설로 무한의 내용을 요약하고 넘어가도록 하겠습니다.

무한을 발견한 피타고라스가 죽은 후에 아케론 강가에 서 있었습니다. 피타고라스는 자신이 너무도 이른 나이에 죽었다며 입술을 삐죽대며 불평하고 있었고, 풀숲을 걷어차며 그것을 화풀이하고 있었습니다. 그러한 불평이 절정에 달한 순간, 청천연하고 눈부신 갖가지 빛을 온몸에 휘장처럼 두른, 아름답기 그지없는 한 처녀가 이글이글 불타오르는 마차를 이끌고 피타고라스를 향해 달려왔고, 피타고라스는 그녀가 지혜의 신 아테나이임을 단박에 알아채고서 엎드려 경외를 표했습니다.

피타고라스 : 오오, 아테나이 여신이여. 저는 신 중 누군가가 분명 저를 데리러 오리라는 것을 알고 있었나이다. 다만 저는 그것이 전령의 신 헤르메스인 줄 알았는데, 아테나이 여신께서 직접 오시다니 너무 감격스러워 어디다 몸둘 바를 모르겠습니다.

아테나이 : 신이 너를 데리러 올 줄 알았다니? 어째서 그렇게 생각했느냐?

피타고라스 : 아무리 생각해도 제가 발견한 '무한' 이라는 것이 인간의 지식을 초월하는 위대한 것임이 틀림없고, 이런 위대한 발견을 한 이 현자를 신들께서도 하데스의 땅에 보내기엔 너무 아깝다 생각하셨음이 분명하기에, 분명 저를 데리러 오시리라 추측했기 때문입니다. 오오, 아테나이 여신이여!! 저는 수학의 신이 되어 영원히 당신을 보좌하겠습니다.

아테나이 : 살아생전엔 너 자신을 신으로 여기더니, 상황이 이렇게 되니까 올림포스의 신에게 의탁하는 것이냐? 뻔뻔하기 그지없구나.

또한 역설법의 황제이기도 하고 말이야. 내가 온 목적과 반대되는 내용만 어찌 그리 쏙쏙 잘 골라서 말할 수 있는지…. 수학의 신보다는 문학의 신에 네 자리를 마련해두마. 다만 타르타로스를 살아서 탈출한다면 말이다.

피타고라스 : 그게 무슨 말입니까? 타르타로스라니, 그 무시무시한 곳에 제가 왜 간단 말입니까? 이 현자가…?

아테나이 : 그것은 네가 세상에서 가장 큰 거짓말을 했기 때문이다.

피타고라스 : 거짓말이라뇨. 저는 살아생전에 거짓말이라고는 손톱만큼도 하지 않았습니다. 그 몇 번 안 되는 거짓말의 내용도 하찮은 것인데, 어찌 가장 큰 거짓말을 했다 하시나이까?

아테나이 : '무한' 이라는 거짓말이다.

피타고라스 : '무한' 이라뇨? 이 위대한 발견이 어찌하여 거짓말입니까?

아테나이 : '무한' 이 정말 있다고 생각하느냐? 있다면 증명해보아

라, 네가 가장 자랑스레 여기는 수학으로써.

피타고라스 : 복잡한 공식 따위는 쓰지 않고, 무한을 증명해 보이겠습니다. 1 더하기 1은 무엇입니까?

아테나이 : 2이다.

피타고라스 : 2 더하기 1은 무엇입니까?

아테나이 : 3이다.

피타고라스 : 이런 식으로 1000까지 더했다고 해봅시다. 1000 더하기 1은 무엇입니까?

아테나이 : 1001이다.

피타고라스 : 이렇듯이 숫자는 무한히 더해나갈 수 있습니다. 어떠한 숫자도 그것보다 더 큰 수가 얼마든지 있으므로 무한은 존재합니다.

아테나이 : 그러냐? 그렇다면 넌 고작 1001로 숫자의 무한을 규정한 셈이구나. 이것으로는 숫자의 무한함에 대한 증거가 될 수 없다. 1001뿐만 아니라 그 어떤 커다란 숫자나 작디작은 숫자로써 예를 들어도 그것은 결국 어떠한 한정된 숫자까지 헤아려 본 결과로 얻어낸 한정된 결과이지, 무한함을 증거할 증거품이 되지는 못하느니라.

피타고라스 : 아니 어째서입니까? 제 말을 이해할 수 없으십니까?

아테나이 : 무한을 증명하려면 숫자의 무한까지 일단 가보란 말이다.

피타고라스 : 아니 그게 어떻게 가능합니까? 어디까지 간들 그것은 분명 유한수인데. 가령 제가 100년 동안 살면서 오직 숫자만 헤아려 매우 큰 수에까지 도달한다 해도, 그 헤아린 수 또한 결국엔 유한수인데, 무한을 어찌 증명할 수 있습니까?

아테나이 : 그럼에도 어떻게 무한이 있다고 주장하느냐? 1000에서 1001이 더해졌던 것은 1001이 이미 있어서가 아니라, 네가 1000에서 1을 더하는 순간 1001이 만들어졌기 때문이다. 너는 마치 내 딛지도 않은 대륙이 실제로 있는 것처럼 속이듯 무한이라는 거짓말

을 만들어냈다. 날아가고 있는 화살이 이미 저 너머에 도달해 있는 듯 허풍을 떨었고, 그 도달해 있는 공간이 무한에 다다른다고 너스레를 떨었다. 부끄럽지도 않으냐?

피타고라스는 풀이 죽어 고개를 푹 숙였고, 어슴푸레한 아케론 강 저 너머에서 노를 저어오는 뱃사공 카론의 어두운 얼굴이 그런 피타고라스를 고요히 쳐다보고 있었습니다.

다-1 '있음'에 관한 구분

이제까지 '있음'이 가져야 하는 특징 그리고 '무한'이 존재할 수 없는 이유에 대해서 알아보았습니다만, 아마 제가 수학이란 학문에 대해 큰 불만이 있어 시비조로 쓴 것같이 느끼실 분들이 더러 있으실 겁니다. 전 수학이 가지는 실용성에 대해 단 한 번도 의심해본 적이 없습니다. 수학은 과학의 근본이자 기술의 근본, 그리고 논리의 또 다른 모습이기에 과학만큼이나 혹은 과학보다 그 가치를 높이 사는 학문입니다.

제가 경계하고자 하는 것은 수학 그 자체가 아닌, 수학적 형이상학입니다. 수학은 분명 세계를 아주 흡사하게 분석해놓은 결과로서 받아들일 수 있을 만큼 현 세계와 모양새가 비슷하지만, 수학으로서는 세계 그 자체를 드러낼 수는 없습니다. 그것은 수학이 가지는 학문의 특성상 어쩔 수 없이 부딪히는 한계에 해당하는 대목입니다. 마치 형이상학이 그 자체에서는 그 어떤 실용성도 찾아낼 수 없듯이 말이지요.

어쨌든 이제 본론으로 넘어와 '있음'에 해당하는 속성들에 대해 자세히 분석해봅시다. 저는 '있음'의 속성들을 크게 범속성汎屬性, 비범속성非汎屬性으로 나누었고, 이것에 대해 설명을 하자면 다음과 같습니다.

범속성 - 모든 곳에, 항상 있어야만 하는 속성들

비범속성 - '있음'에 속해 있지만, 있는 모든 곳에 깃들어 있는지는 알 수 없는 속성들

범속성은 세계 모든 곳에 항상 깃들여야만 하는 전체적인 속성입니다. 앞서 설명한 '공간' '지금' 등과 같은 것들이지요. 비범속성은 이와 달리 몇몇 군데에 깃들어 있기는 하지만, 모든 곳에 깃들어 있는지는 확신할 수 없는 속성입니다.

범속성과 비범속성에 해당하는 속성들은 다음과 같이 정리할 수 있습니다.

범속성

    - 공간

    - 정신성

비범속성

    - 물질 : 고체 · 액체 · 기체 · 플라즈마 · 보즈-아인슈타인

      응집상태로 존재하는 입자, 입자상태의 빛, 반물질,

      암흑물질, 잠정적 단계의 물질 등

    - 비물질 : 에너지 · 파동 · 파동상태의 빛 · 소리 · 향기 · 촉각

      을 통해 전달되는 감각 · 색 · 맛 등

속성적 특징

    - 변화, 창조,

이제 이것들에 대해 하나씩 살펴보도록 하겠습니다.

다-2 비범속성_{非汎屬性}

우리가 경험하는 세계에서 흔히 관찰되는 속성들이지만 존재하는 모든 곳에 깃들어 있지는 않고, 또한 영구불변하다 단정할 수도 없는 속성들이 비범속성입니다.

1) 물질

제2속성 중에서 가장 뚜렷한 것은 물질입니다. 이러한 물질의 개념은 과학에서 정립한 것과 대동소이합니다. 전적으로 과학적 지식에 바탕을 둔 물질이므로 과학의 발전에 따라 이러한 물질의 범주는 변해갈 것입니다.

물질의 범주에 속하는 것은 고체 · 액체 · 기체 · 플라즈마 · 보즈-아인슈타인 응집상태로 존재하는 입자_{여기서 입자는 전자, 전하 등을 포함한 원자}, 입자 상태의 빛, 그리고 반물질입니다. 반물질은 분명 물질과는 다른 특징을 지니지만, 여기에서 물질은 가장 큰 범주로서의 물질이므로, 반물질 또한 포함시켰습니다.

빛은 이중성^{duality of light}을 지녀 물질과 파동 사이를 오가므로 오로지 물질로서만 정의하기 어렵지만, 다만 입자로서의 빛일 때는 물질의 특성을 갖추고 있다고 볼 수 있으므로 물질의 범주에 추가할 수 있습니다. 이것에 관한 자세한 내용은 과학서적을 참조하시기를 바랍니다.

2) 비물질

앞서 설명한 물질의 범주에 속하지 않은 것을 뭉뚱그려 묶어놓은 것이 비물질의 범주입니다. 어쨌든 이것 또한 존재하고 있음에는 분명합니다만, 세계 모든 곳에 깃들어 있다고는 볼 수 없습니다.

에너지

　- 과학적으로 정의 내린 존재로서의 에너지입니다.

파동

　- 역시 과학적으로 정의 내린 존재로서의 파동입니다.

파동상태의 빛

　- 물질 상태의 빛은 물질로서 분류될 수 있고, 파동상태의
　빛은 비물질로서 분류될 수 있습니다.

　여기까지 일반적·과학적 지식을 통해 정의할 수 있는 존재로서
의 물질과 비물질에 대해 설명했습니다. 하지만 세계가 이것만으로
구성된다고 보기는 어렵습니다. 우리가 인식할 수 없는 속성은 둘째
치고서라도 우리가 오감으로써 명백히 인식할 수 있는 다섯 가지 속
성·소리·향기·촉각을 통해 전달되는 감각·맛·색 등이 존재하고
있음은 부정될 수 없습니다. 이는 유식불교에서 전5식을 통해 받아들
이는 대상인 색경色境·성경聲境·향경香境·미경味境·촉경觸境과 비슷한 개
념입니다.

소리

　- 소리를 시각적으로 관찰할 수 없지만, 어쨌든 '소리'로서
관측되는 어떠한 성질 자체가 있음은 부정될 수 없습니다. 물론 소리는

공기의 진동으로 말미암아 생성되지만, 공기의 진동과 소리의 속성은 분명 다릅니다. 가령 자동차의 클랙슨에서 나온 소리가 우리 귀에 들려오는 것은 클랙슨으로부터 시작된 공기의 진동이 우리에게까지 미침으로 인해서이지만, 우리에게 인식된 '소리'라는 것 자체는 분명 단순한 공기의 진동을 초월한, 다른 속성입니다. 이것은 원자구조 놀이로는 쉽사리 설명될 수 없는 것입니다.

향기
- 향기도 소리와 비슷한 의미에서 비물질이라 볼 수 있습니다.

촉각을 통해 전달되는 감각
- 감각도 소리와 비슷한 의미에서 비물질이라 볼 수 있습니다.

맛
- 맛도 소리와 비슷한 의미에서 비물질이라 볼 수 있습니다.

색
- 색도 소리와 비슷한 의미에서 비물질이라 볼 수 있습니다.

비물질은 이러한 다섯 가지 감각을 통해 받아들여지는 속성들을 포함하며, 이러한 비물질과 물질은 비범속성으로서 세계 전체에 퍼져 있지는 않지만 분명히 있다고 확신할 수는 있는 것들입니다.

다-3 범속성^{汎屬性}

비범속성과는 달리 존재하는 모든 곳에 늘 깃들어 있는 속성을 의미합니다. 이것은 단 한순간도 '있음'으로부터 사라질 수 없으며, 세계 모든 곳에 늘 있는 속성입니다. 따라서 범속성의 범주가, 곧 세계 전체의 범주에 해당하는 것이고, 따라서 범속성으로서 언급되는 속성은 다 한 뭉치라고 볼 수 있습니다. 있는 모든 곳에 깃들어 있다는 말은 깃든 대상과 같아짐을 의미하기 때문입니다.

가령 범속성에 해당하는 속성 A, B가 있다면, A와 B는 범속성이기 위해서는 각각 상대하는 B와 A의 모든 곳에 깃들어야 하고, 상대 속성의 모든 곳에 깃든다는 말은 결국 해당속성과 합일됨을 의미하는 것과 다를 바 없습니다. 다시 말해 각 속성만의 고유한 특징 모두에도 깃들어야 하므로, 결국엔 모두 합쳐진 상태가 될 수밖에 없는 것이지요.

물론 이러한 범속성의 합일은, 범속성끼리에만 적용되는 것이 아니라 비범속성에도 적용되는 것입니다. 범속성이란 존재하는 모든 곳에 깃든 속성이므로 비범속성의 모든 곳에도 깃들어 있을 수밖에 없습니다. 어떠한 속성이라도 범속성을 피해 달아날 수는 없습니다. 이러한 범속성에 해당하는 가장 대표적인 것은 바로 공간입니다.

앞서 말했듯이 존재하는 모든 것은 공간이 필요하고 공간은 존재를 필요로 하기에 공간과 존재는 서로 떨어져서 존재할 수 없고, 따라서 공간은 '있음'의 모든 곳에 깃들어 있는 속성인 범속성으로서 분류될 수 있습니다.

제2장

세계의 새로운 지식-정신성

가지고 있는 장난감을 몽땅 땅에 쏟아 부어라

자신의 심장과 머릿속에 고이 간직된

가장 순수하고 고운 동심으로써 그것들을 가지고 놀라

초콜릿을 받은 어린아이의 행복한 입가처럼

놀이기구를 타는 어린아이 두근대는 심장처럼

그렇게 그렇게….

다 가지고 놀고서, 그것들을 주워 담을 때쯤이면 알게 되리라

지금껏 자신이 무얼 가지고 놀고 있었는지를….

그것들이 어디에 있는 것인지를….

라-1 범속성汎屬性으로서의 정신성

정신성은 제가 말하고자 하는 가장 핵심적인 개념이며, 이 짤막한 저서 통틀어 가장 중요하고도 어려운 개념이기에 한 단원으로서 엮어냈습니다. 그렇다면 이 정신성이란 대체 무엇일까요? 정신성… 정신성… 정신. 철학에 대해 조금이라도 관심이 있으신 분이라면 이 정신성이란 개념이 독일 관념론과 왠지 연관 있을 것 같다 생각하실 텐데, 독일 관념론의 그것과는 비슷한 부분도 있고, 다른 부분도 많습니다.

정신성은 과학으로서는 풀 수 없는 영역에 속한 개념이며, 오로지 사변적인 형이상학으로서만 풀어낼 수 있는 존재입니다. 이제 이러한 정신성에 대해 풀어놓겠습니다. 철학을 처음 접하시는 분에게는 다소 어려운 개념으로 다가오겠지만, 최소 두어 번만 읽다 보면 반드시 이해될 내용이라 확신합니다.

이제껏 인류 스스로가 만들어놓은 가장 큰 수수께끼 두 개를 꼽자면 '무한'과 '없음'입니다. '없음'은 그렇다 쳐도 이 '무한'이란 가상 개념이 나래를 펼친 곳은 너무나도 많습니다. 그중에서 대표적인 것은 공간적인 시작과 끝인데, 저 우주 너머 있는 무한한 세계와 무한히 세밀해질 수 있는 원소의 경지 등이 바로 그러한 것입니다. 전자는 그 누구라도 해봤을 생각이고, 후자 또한 많은 이들이 수수께끼처럼 여기는 문제임이 분명합니다.

앞서 분명히 무한은 존재할 수 없다고 못을 박았지만 실제 세계에서 드러난 현상들은 무한의 존재에 대한 끝없는 신빙성을 낳게 하기에 충분합니다. 우주는 끝없이 팽창하고, 원소와 그것을 채우는 색·면 등은 무한히 세밀해질 수 있으며, 이러한 사실들은 무한이 있기 때문에 가능한 것이 아닌가 하는 의구심을 낳기에 충분합니다. 이것은 자연과학적·유물론적 세계관에서 발생하는 가장 큰 수수께끼이며, 이 문제를 풀기 위한 구체적인 설명을 하기 이전에 '얀센의 모순'이라는 짤막한 소설로서 화두를 던지겠습니다.

현미경 개발자 얀센이 어느 날 정원을 거닐다 붉은 토끼를 발견했습니다, 너무나도 커다란 신기함을 느낀 나머지 그 토끼를 잡아 집으로 데려와 토끼의 털 한 터럭을 뽑아서는 현미경 렌즈의 배율을 확대해 토끼 털의 붉은 염색체를 보았습니다. 얀센은 환희에 차서 환호성을 지르며 현미경에서 눈을 떼고, 붉은 토끼 털을 집어 들어 붉은 토끼를 쳐다보며 외쳤습니다.

"네 붉음의 수수께끼도 별것 없구나. 고작 염색체 색깔의 차이일 뿐이라니."

얀센은 커다란 승리감과 우월감에 도취했고, 즐거운 마음으로 현미경을 톡톡 치며 일어서는 순간, 천둥 같은 생각 하나가 그의 머리에 울려 퍼져 심장 깊숙이 내리꽂혔습니다. 그리고 토끼 털을 다시 렌즈 위에 올려놓고 현미경에 눈을 갖다댄 얀센은 배율을 최대한까지 울렸습니다. 더는 배율을 높일 수 없음에도 미친 듯이 배율의 레버를 돌리다 결국 와그작하고 레버가 부서지자, 그제야 정신을 차린 듯이 얀센은 현미경에서 눈을 떼고 토끼를 쳐다보며 힘없이 중얼거렸습니다.

"토끼야. 내가 졌다. 나는 고작 네가 가진 정보 중에 아주 조그마한 정보만을 알고 있을 뿐이구나. 네가 가진 신체구조는 염색체라는 덩어리까지 확대할 수 있지만, 네가 가진 붉은색은 도무지 끝까지 확대할 수 없구나. 아무리 확대하고 확대해도 그 확대한 것보다 더 세밀한 농도의 붉은색이 존재하는구나. 게다가 네 염색체의 모습조차도 그 자체가 최종적인 모습이 아니라 확대할수록 더욱 세밀하고 색다른 면이 끊임없이 드러나는구나. 내가 무지했구나…. 내가 무지했어."

얀센은 풀이 죽어 현미경이 놓여 있는 책상에 턱을 괸 채 깊은 고민에 잠겼고, 붉은 토끼는 커다란 눈망울을 수없이 깜빡이며 그런 얀센의 모습을 묵묵히 지켜보았습니다.

이렇듯이 자연과학적인 입장에서 보자면 물체는 끝없이 세밀한 면_{상태}과 색을 가지는 것처럼 보일 수 있습니다. 색과 면뿐만 아니라 원자 그 자체 또한 마찬가지입니다. 가령 수소원자를 보자면 수소원자는 물질이라는 범주 내에서의 최소일 뿐, '있음'의 범주 내에서의 최소는 아닙니다. 가령 수소원자가 입자 상태로 있기는 하지만, 그 상태가 끝이 아니라 그 속에는 수소를 수소라 부르게 해줄 같은 성질의 '어떠한 것'이 빼곡하게 채워져 있는 것이고, 그것의 합으로써 수소원자가 이루어졌다고 볼 수 있습니다.

예를 들어 강한 충격으로 수소원자의 어떤 부분이 움푹 팬다면, 그 움푹 패는 것이 가능키 위해서는 그만큼의 더 세밀한 경지의 변화가 있어야만 하고, 그 더 세밀한 경지의 변화는 그 더 작은 경지들을 채우는 존재들 간의 이동을 통한 것이라 볼 수 있지요. 물론 수소원자는 쿼

크로 돼 있으니 그것이 가능한 것 아니냐 하실 분들이 계실 텐데, 여기

서 수소원자는 어디까지나 예에 불과합니다.

가령 현재까지 간주된 것 중 가장 작은 물질인 초끈의 경우를 보아도 마찬가지입니다. 초끈에 충격을 받아 초끈의 특정 부분이 움푹 팬다면, 그 움푹 패는 것이 가능해지기 위해서는 이미 더욱더 세밀한 어떠한 상태가 그 초끈에 포함되어 있어야만 하며, 그 상태들의 합으로서 초끈의 변화가 이루어진다고 볼 수 있습니다. 이런 상황에서 보자면, 물질의 최소는 규정될 수 없는 것이며, 따라서 무한이 존재한다고 주장할 여지도 있는 것입니다.

하지만 앞서 밝혔듯이 그 어떤 경우에도 '무한'은 성립될 수 없습니다. 그렇다면 존재는 무한으로서 존재하는 것인가, 아니면 유한으로서 존재하는 것인가? 이것은 분명 모순인데, 그렇다면 이 세계에 존재하는 모든 것은 모순된 존재인가? 물론 아닙니다. 모순은 그 어떠한 경우에도 존재할 수 없습니다. 그렇다면 이 세계의 존재는 과연 무엇인가?

확실한 것은 "존재는 존재 그 자체로 있는 것이므로 그대로 놔두고 보자"는 이러한 과학적 방식의 세계관에서는 '있음'이 성립할 수 없다는 점입니다. 무한과 유한이 공존하는 모순에 빠지기 때문이지요. 가도가도 끝없이 세밀해진다는 말이 이미 무한히 세밀해진 상태가 지금 당장 실현되고 있는 것처럼 이해될 수 있는, 이 거짓을 향해 무한히 달려나가는 유물론적·과학적인 말[18]을 잡고자, 그리고 이러한 무한의 모순상태를 극복하고자 하나의 속성을 전제할 수밖에 없습니다. 그것

은 정신성입니다.

무한의 반대는 무엇입니까? 백이면 백 모두가 유한이라고 답할 것입니다. 물론 틀린 말은 아닙니다. 한계가 없다는 것의 반대말은 한계가 있다는 것이 되므로 무한의 반대는 유한이 맞기는 하지요. 하지만 이러한 유한과 무한을 우리가 어떤 식으로 이해하고 있는지를 살펴보면 잘못된 점을 발견할 수 있습니다. 우리가 인식하는 개념으로서의 유한과 무한은 그 상태로 계속 지속되는 존재로서의 유한/무한입니다. 즉 우리에게 있어서 한번 무한은 계속 무한이며, 한번 유한은 계속 유한인 것으로 이해됩니다.

신 혹은 어떠한 존재가 유한 혹은 무한의 상태에서 무한/유한의 상태로 변화시킨다 해도, 그 과정 후에 변한 각각의 유한/무한의 상태는 또 그러하게 정해진 채로 계속해서 흘러가고 있는 상태라 생각할 것입니다. 이러한 이분법적 세계관에서는 무한과 유한과의 논쟁이 영원히 지속될 수밖에 없습니다. "영원히 뚫린 세계이냐" "영원히 막힌 세계이냐"라는 무의미한 말싸움 말이지요.

하지만 이렇게 생각해보면 어떨까요? 세계가 유한/무한이라는 고정된 어떤 하나의 상태에 놓인 것이 아니라 신적인 어떠한 것이 세계를 지금 당장 그것으로서 지탱하고 있다면? 즉 세계를 세계로서 규정하고 있는 어떠한 속성이 있다면? 이러한 것에 의해 지탱되는 세계는 그 최대와 최소가 정해지므로 무한의 굴레에서 벗어날 수 있고, 또 자기 스스로가 가진 창조성에 의해 스스로를 부터 확장해나감으로써 유한이 지니는 한계 또한 극복할 수 있다면? 이렇게 된다면 세계는 분명 무한과 유한의 문제를 넘어선, 모순 없는 세계가 될 수 있을 것입니다. 즉 정해진 한계는 가지되 그 한계를 주체적으로 확장해나갈 수 있다면, 그것은 유한이 아닌 존재로서 성립될 수 있는 것입니다.

여기서 말한 신적인 어떠한 것이 바로 정신성입니다. 정신성이란 세계의 최소, 최대, 그리고 '있음'을 그러한 것으로서 존재하게끔 규정해주는 속성입니다. 즉 '있음'을 규정해주는 속성에 해당하는 것입니다. 쉽게 말해 대상을 대상으로서 정하는 역할을 하는 것이 정신성입니다. 하지만 규정한다는 것은 물리적·유물론적·과학적인 것이 아닌 개념적이고 정신적인 것이므로, 물질과는 전혀 다른 존재입니다. 정신성은 주체적이고 능동적이며, 정신적으로 세계의 범주를 정해주는 존재입니다.

이것에 대해 쉽게 예를 들어 보겠습니다. 흔히 떠오르는 장면이 아닌 아주 추상적이고 창조적인 그림을 머릿속에 떠올려보십시오. 계속해서 애써 그 그림을 표상으로써 떠올리지 않으면 순식간에 망가질 만큼 아주 세세한 상태의 그림을 그려내 머릿속에서 계속 유지시켜 보십시오. 자 여기에서 그 그림은 당신이 당신의 의지와 집중력 등을 계속 발휘해야만 계속해서 지탱될 수 있겠지요?

만일 그렇지 않다면 그 그림은 뭉개지고 말 테니까요. 바로 여기에서 의지·집중력 등 그림을 그림으로서 지탱하고자 하는 정신적인 힘, 그것이 바로 정신성에 비견될 수 있습니다. 그것에 의해 떠오른 표상은 물질이 되는 것이지요.

물론 이것은 철학적 이해력이 다소 부족할 수밖에 없는 일반인들을 위한 예입니다. 실제로 따지자면 의지·집중력 등 또한 '물'物, 여기서 말하는 '물'이란 과학적 개념이 아니라, 구체적으로 존재하는 모든 것들을 일컫는 포괄적인 개념의 범주이므로, 정신성에 대한 완벽한 예가 될 수 없지요. 다만 조금 전에 들었던 예에서 주목서야 할 부분은 의지·집중력 등과 마찬가지로 대상을 그런 형태로 있게끔 지탱하는 것이 곧 정신성이라는 것입니다.

정신성이라는 단어를 따온 이유 자체는 관념을 통해 특정 표상을 유지하고자 하는 인간의 정신적 상태와, 이 세계를 구체적인 존재로서 규정하는 정신성의 양태가 흡사하기 때문이지, 절대 인간의 정신적 상태가 세계의 정신성과 일치하기 때문에 따온 개념은 아님을 염두해주십시오.

인간의 정신관념과, 세계의 정신성의 차이는 바로 '물'의 상태로 있는가, 아니면 '규정함' 그 자체의 상태로 있는가 하는 것입니다. 인간의 관념의 경우, 한 표상을 지탱하는 의지·집중력 등 모두가 '물'의 범주에 들어갑니다. 즉 '물'로서 '물'을 규정하는 것이므로 순수한 의미에서의 대상 규정이 될 수 없습니다. 그에 비해 정신성은 물질 없이 오로지 규정함, 즉 개념만을 가지고서 대상을 규정하는 것입니다.

그렇다면 '물'로써 '물'을 규정할 수는 없는가? 그것은 불가능합니다. '물'은 확정된 하나의 구체적 상태에 놓인 존재이기 때문이지요. 구체적인 존재가 그 속에 또 하나의 구체적 존재를 품으면 어떻게 될까요? 버클리 지붕의 둥근 사각형 지붕과 같이 두 개의 구체가 한곳에 동시에 존재하는 모순에 빠질 수밖에 없습니다. 따라서 '물'을 규정하고 지탱해주는 '정신성' 그 자체의 상태는 '물'을 포함하지 않는 능동적이고 순수한 개념적 상태여야만 합니다. 일반적이고 과학적인 세계관에서는 가정될 수 없고 찾아내어질 수 없는 존재이지요.

인간의 관념을 통해 떠올려진 표상은 그것을 지탱하는 의지·집중력 등이 빠지더라도, 뭉개지거나 파손된 그 자체로 존재가 가능합니다. 이는 물질로서 물질을 규정하기 때문입니다. 그림판에 붓질 몇 번 덜한다고 그 작품 자체가 모순이 되는 것이 아니듯이 관념으로 대상을 지탱하지 않는다고 존재가 성립되지 않는 것은 아닙니다. 다만 보기 흉할 뿐이겠죠.

하지만 이와 달리 정신성은 단 한순간이라도 '물'로부터 달아날 수가 없습니다. 달아나는 순간 그것은 모순이 되므로, 존재로서 성립될 수 없기 때문입니다. 따라서 정신성은 항상 존재를 존재로서 지탱해주어야만 하는 필수속성입니다. 이러한 정신성의 존재는 부인될 수 없습니다. 대상을 하나의 확정된 범주로서 능동적으로 지탱해주는 정신성이 없다면, 세계는 '무한'의 모순에 놓일 수밖에 없고, 따라서 존재가 될 수 없습니다.

자, 정리하겠습니다. 지탱하는 주체 없이 그냥 그대로 놓여 있는 자연과학적 사물은 존재로서 성립될 수 없습니다. 드러난 현상만을 보고 그것을 지금 당장 지탱하고 있는 정신성을 보지 못한다면, 그것은 동전의 앞면만을 보고 뒷면을 보지 못한다는 것과 다를 바 없습니다. 정신성은 동전의 뒷면이며 세계를 지탱하는 정신적이고 규정적인 힘입니다.

이제 이러한 정신성의 세 가지 특징인 세계의 최소와 세계의 최대를 정하고, 또한 대상에 질서와 조화를 부여하는 것에 대해 하나씩 살펴보겠습니다.

라-2 정신성 - 세계의 최소를 정하는 존재

앞서 밝혔듯이 그 어떤 경우에도 세계는 그 최소를 가지지 않을 수 없습니다. 이것은 무엇을 의미할까요? 그저 가장 근원적인 학문이라는 겉멋에만 심취해 철학의 본질은 보지 못한 채 철학사 서적만 대충 끼적이거나 철학 개론수업 정도만 듣고서 각종 오해와 편견으로 점철돼 심지어 얼마 배우지도 못한 보통 이하의 지식을 토대로 썰을 풀기 좋아하는, 지적 허영심에 가득 찬 이들이 종종 자신의 지식을 과시하고자 뱉어놓는 길고 무의미한 말장난(가령 '아닌 게 아닌 것이 아닌 게 아니다' '비존재란 자기 앞에 드러난 무를 자기현전하는 능동적이면서 수동적인 존재이자, 능동적이지도 수동적이지도 않은 존재')이 아닙니다.

이것은 관념의 장난이나 말장난이 아닌, 세계에 실제로 일어나고 있는 구체적이고 전체적인 상황입니다. 세계의 최소가 지탱되고 있지 않다면, 대상은 무한이라는 모순에 빠지게 되기 때문이지요. 따라서 지금 당장 세계의 최소는 반드시 지탱될 수밖에 없으며, 지탱하는 그 정신적 존재가 떠나버린다면 존재는 모순에 빠지게 되므로, 정신성은 대상의 범주를 규정해주는 규정자로서 항상 세계의 최소를 정하지 않으면 안 되는 존재입니다.

세계의 최소를 지탱하는 정신성은 단 한순간도 '있음'에서 제거될 수 없는 범속성으로서의 존재입니다. 이것은 의심될 수 없습니다. 그것이 아닌 일반적·과학적 세계는 성립될 수 없기 때문입니다. 물감 없이 그려낼 수 있는 유화는 존재하지 않듯이 세계를 능동적으로 규정하는 주인인 정신성 없는 대상 또한 존재할 수 없습니다.

자, 이제 여기서 생각해봅시다. 규정한다는 것은 어떻게 가능한 것인가에 대해서 말입니다. 이것은 규정하는 정신성과 규정 대상의 완벽한 일치가 있을 때에만 가능한 일입니다. 대상과 따로 노는 정신성, 그리고 정신성과 따로 노는 대상은 존재할 수 없으며, 그 둘은 단 한순간도 떨어질 수 없는 필연의 관계입니다.

만일 대상에 정신성이 깃들어 있지 않다면 대상은 필시 무한의 모순에 빠지게 되므로 존재로서 성립될 수 없고, 대상 없는 규정자는 존재 없이 규정, 즉 개념만을 가지게 되므로 또한 존재로서 성립될 수 없습니다. 개념이든 뭐든 존재하는 것이라면 반드시 구체를 가져야만 하며, 구체를 가지는 순간 그것은 더 이상 개념 그 자체로 남을 수는 없기 때문입니다.

어려우시다구요? 당연하지요. 철학에 어느 정도 익숙해 있지 않은 이상 제가 하는 말은 외래어처럼 받아들여질 수밖에 없습니다. 그러므로 이것에 대해 더욱 자세히 풀어보겠습니다.

우선 '물'의 경우부터 봅시다. '물物'이란 구체성을 가지는 대상을 의미하며, 규정이라는 추상적인 개념만을 가지는 정신성과는 반대되는 것입니다. 만일 '물'에 그것을 규정해주는 정신성이 결여되어 있다면, 그것은 '무한'의 모순에 빠지게 되므로 결코 존재가 될 수 없습니다. 고로 '물' 즉 대상은 정신성의 규정으로부터 떨어질 수 없습니다. 그 어떤 순간이라도 말이지요. 이것은 '물'이 규정성 없이는 존재할 수 없음에 대한 근거이지요.

이제 반대로 정신성은 왜 그 자체로 존재할 수 없는지에 대해 살펴봅시다. 아까 말했듯이 '정신성'이건 무엇이건 존재라면 거기에 해당하는 구체를 가져야만 합니다. 그렇지 않다면 그것은 존재가 될 수 없기 때문이지요. 가령 우리가 행복을 느끼는 것은 행복이라는 추상적인 개념이 실재하기 때문이 아니라, 뇌분비물 등으로 구성되어 행복이라는 것을 느끼게 해주는 어떠한 '물'이 있기 때문입니다. 이렇듯 개념이든 뭐든 거기에 해당하는 실재가 반드시 있어야만 하며, 그것은 구체성을 띨 수밖에 없습니다.

구체성을 띤다는 것은 구체적인 대상을 정신성 속에 포함하고 있어야만 함을 의미하는 것이고, 또한 공간을 가지고 있어야만 함을 의미합니다. 즉 정신성은 그 자체 만으로서는 결코 존재할 수 없으며, 스스로에 의해 구체적으로 정의내린 어떠한 것으로서만 존재 가능한 것입니다. 물론 그렇게 스스로에 의해 구체적으로 정의 내려진 존재로서의 정신성은 더 이상 정신성이라는 개념 그 자체가 아닙니다. 그것은 엄연한 구체이므로, '물'의 상태입니다. 또 그렇다고 해서 '물' 그 자체는 아닙니다. '정신'에 의해 지탱되는 상태이기 때문입니다.

다시 한 번 반복해 설명하자면, '대상을 규정할 수 있음'이라는 추상적 개념으로서만 구성된 '정신성'은 존재할 수 없고, '규정 없이 독자적으로 존재하는 물' 또한 있을 수 없습니다. 정신성 없는 대상은 모순이며, 대상 없는 정신성은 공허입니다. 다시 말해 정신성은 단순히 대상을 규정하는 목적을 지니는 것에서 벗어나, 정신성 그 자체가 곧 '물'이 됨을 의미합니다. 다시 말해 정신성과 '물'은 떨어질 수 없으며 둘은 동일할 수밖에 없는 것입니다.

따라서 정신성^{규정자} - '물' - 공간 이 셋은 항상 같은 것이며, 떨어질 수 없으며, 그 셋이 합쳐진 형태인 '있음' 그 자체만이 존재할 뿐, 그 외에는 그 어떤 것도 존재할 수 없는 것입니다. 여기서의 '물'이란 물질만을 의미하는 것이 아닌 존재하는 모든 것을 칭하는 것입니다. 가령 우리가 텅 비었다 생각하기 쉬운 진공과 같은 것들도, 존재임이 분명하고, 정신성의 영향을 받지 않을 수 없습니다. 생각해보십시오. 우리가 주어진 공간 속에 자유로이 손을 뻗을 수 있음을 왜 당연하다고 생각하죠?

그 손을 뻗을 수 있도록 주어진 구체적 존재로서의 공간이 왜 우리 주변을 빈틈없이 메우는 것이죠? 이러한 진공이 우리 주변에 빈틈없이 빼곡하게 자리 잡고 있는 것에 대해 절대 당연하다 생각해서는 안 됩니다. 진공은 '모든 존재들이 자유롭게 드나드는 것을 가능케 해주는 개방적 존재'이며, 이것은 분명 '자유'라는 구체성을 갖춘 존재로서의 진공의 모습입니다. 이러한 진공은 모두 같은 성질로서 분할되지 않고 빼곡하고 고르게 공간을 메우고 있습니다.

만일 그것을 그러하게끔 규정해주는 규정자가 없었다면, 그 진공에 해당하는 상태도 들쭉날쭉 울퉁불퉁 엉망이 되었을 것이 분명하겠지요. 하지만 우리에게 받아들여지는 진공은 세계의 모든 것을 담을 정도로 세밀하고 자유로우며 투명한 그 어떤 것입니다. 즉 세계의 모든 것을 담은 구체적이고 통일적인 존재로서, 진공이 규정되는 것입니다. 진공 속에 없는 것은 원소뿐이지, 존재가 없는 것은 결코 아닙니다. 진공 또한 구체적인 존재이고, 이렇듯 세계의 모든 존재는 구체성을 갖추고 있으며, 정신성에 의해 규정되고 있는 것입니다.

자, 이제 좀 더 나가봅시다. 연결된 세계의 모든 최소를 정한다는 것은 무엇을 의미할까요? 세계에 존재하는 것들의 모든 최소를 정하는 그것을 몽땅 모아보면 무엇이 될까요? 바로 세계 전체가 되겠지요. 즉 세계는 최소를 규정하는 정신성들의 총합이므로, 하나의 연결된 존재가 되는 것입니다. 물론 이것을 지나친 논리적 비약으로 보고서 반론을 제기할 수도 있습니다. 각각의 대상마다 그것을 규정하는 정신성이 각각 다를 수 있다고 보는 관점 때문이지요.

가령 은쟁반에 사과와 바나나가 담겨 있다고 했을 때, 은쟁반, 사과, 바나나, 그리고 그들 사이에 있는 진공의 최소를 규정해주는 정신성이 몽땅 다 다를 수 있다고 보는 관점이 그것이지요. 이러한 입장에서 보자면, 연결된 세계를 규정하는 것이 오로지 단일한 정신성에 의해서라는 이 사실은 문제가 될 수밖에 없습니다. 이 문제 해결을 위해 '큐브 퍼즐 일화'라는 소설을 보도록 합시다.

호기심 많은 물리학자 지망생 토마스는 두뇌회전을 빠르게 하기 위해 큐브 퍼즐을 즐기곤 합니다. 하지만 너무 오랫동안 큐브 퍼즐을 맞춰온 덕분에 큐브를 그 어떤 방식으로 헝클어놓아도 다시 짜맞추는 데 1분도 채 걸리지 않는 경지에 이른 토마스는 큐브 퍼즐이 가진 방법적 한계에 질려, 이제는 거의 큐브 퍼즐을 하지 않습니다.

리포트 작성을 위해 컴퓨터 작업을 하고 있던 어느 날 밤이었습니다. 밤 12시가 되자 무겁고 둔중한 괘종시계의 음울한 소리가 울려 퍼졌고, 그와 동시에 갑자기 집의 모든 전기가 나가버렸습니다. 예고치 않은 정전에 당황한 토마스는 순간 커다란 두려움에 휩싸였습니다. 부모님은 여행을 가셨고, 그와 더불어 최근 자신의 거주 지역에 연쇄 살인사건이 발생했다는 사실 또한 머릿속에서 떠올랐습니다.

이러한 시퍼런 생각들이 괘종시계가 불러오는 둥둥거리는 기묘하게 무서운 소리, 그리고 자신의 주변을 채운 온통 시꺼먼 암흑과 어울리면서 자신의 온몸을 온통 붉은색 공포로 점철시켰고, 그것을 떨려오는 소름을 통해 느낀 토마스는 부리나케 문단속을 하고 창문을 잠그며 촛불을 찾아 밝혔습니다. 공포를 이겨내는 가장 큰 방법은 잠을 자는 것임을 잘 아는 토마스는 잠을 청하려 했지만, 창문 바깥에서 자신을 뚫어져라 노려보는 올빼미의 눈과 마주치는 순간, 잠을 자고자 하는 억지욕망은 산산이 부서져 내렸습니다.

잠이 자연스레 올 때까지 뭐할까 고민하던 토마스의 눈에 방바닥에 굴러다니는 큐브 퍼즐이 들어왔고, 그것을 집어 들었습니다. 이 철지난 장난감이 자신의 호기심을 자극해 공포를 몰아내 주길 기대를 하면서….

하지만 역시 큐브 퍼즐이 가진 한정적인 놀이정보로는 토마스의 호기심을 자극할 수 없었습니다. 금방 질려버린 토마스는 도서관에서 빌린 '소피의 세계' 를 집어 들었고, 큐브 퍼즐은 멀리 던져버렸습니다. 그런데 단단하던 큐브 퍼즐이 문과 부딪히며 그 중 몇 조각이 빠져나오더니 토마스의 얼굴을 강타했습니다.

자신이 물리학도라는 사실조차 잊고서 "큐브 퍼즐에 혹시 초자연적인 힘이 작용하고 있는 게 아닐까" 하는 미신과 같은 생각에 사로잡혀 두려워진 토마스는 튀어나온 큐브 조각들을 집어 들어 다시 큐브 퍼즐에 밀어넣었습니다.

순간 토마스는 이상한 생각이 든 토마스는 큐브 퍼즐에서 조각들을 몽땅 떼어내고, 그 때어낸 조각들을 최대한 밀착시켜 보았습니다. 손에 힘을 꽉 주어 밀착시킨 후 그것을 자세히 들여다본 토마스는 한 술 더 떠 현미경 위에 큐브 퍼즐을 올리고, 배율을 최대한 올렸습니다. 희미한 촛불 아래서도 토마스의 눈빛은 호기심과 기묘함으로 가득 찼고, 이런 모습은 그 스스로를 정말 물리학도다운 물리학도라 느끼게 만들었습니다. 이윽고 모든 관찰을 끝낸 후, 토마스는 의문에 휩싸인 나머지 혼잣말을 뱉어냈습니다.

"아무리 아무리 큐브를 꽉 밀착시켜보아도, 그것은 완전히 밀착되지는 않는구나. 밀착된 것처럼 보이지만, 실은 그 사이에 미세한 틈이 존재하구나."

토마스는 어디에 두어야 할지도 모르는 이 엉뚱한 의문점을 두고서 상상의 나래를 펼치기 시작했고, 그러는 사이에 창문을 채우던 검은색 공기가 서서히 푸른색으로 바뀌고 있었습니다.

큐브를 아무리 밀착해도 미세한 틈이 생길 수밖에 없듯이 정신 성이 복수라면, 존재하는 것은 아무리 밀착해도 큐브의 틈이라는 모순이 생길 수밖에 없다.

이 큐브 퍼즐에서 각각의 큐브는 각각의 규정자^{정신성}라 볼 수 있습니다. 즉 큐브 퍼즐은 연결된 세계 전체이며, 각각의 큐브들은 큐브 퍼즐 속에 포함된 정신성으로 볼 수 있습니다. 그렇다면 문제는 이것입니다. 각각의 큐브들이 따로 존재할 경우 그 큐브들 틈에 있는 미세한 공간에 대한 규정은 누가 할 것이냐는 것이지요. 이 문제는 쉽게 웃어넘길 수 있는 그러한 것이 아닙니다.

큐브 간의 틈 또한 분명히 존재하는 것이므로 그것을 규정해주는 정신성이 반드시 있어야만 하는데, 그렇게 큐브의 틈을 규정해주는 정신성이 생긴다 해도 큐브와 큐브의 틈을 규정해주는 정신성 간의 틈이 또 생기게 되는 것입니다. 정신성끼리 제아무리 오밀조밀 밀착해 있다 해도 이렇듯이 큐브의 틈 문제는 결코 해결될 수 없으며, 따라서 이것은 수수께끼로 남게 됩니다.

이것을 해결할 유일한 방법은 세계가 연결된 단 하나의 정신성에 의해 규정되는 존재라 보는 것입니다. 만일 단수가 아닌 복수의 정신성에 의해 세계가 구성된다면, 그런 조그마한 틈은 분명 문제가 될 수밖에 없습니다. 그 모순을 해결하고자 그 틈 사이를 계속해서 더욱 세밀한 규정자로서 채워나가는 것은, 이 문제 해결에 도움을 주지 못합니다. 그렇다고 겹칠 수도 없습니다.

정신성끼리 겹치는 순간 두 대상이 두 규정자에 의해 동시에 존재해야 하는 모순에 빠지기 때문이고, 물론 이는 존재로서 성립될 수 없습니다. 버클리 대학의 둥글고 네모난 지붕과 마찬가지로 말이지요. 만일 규정자끼리 서로 겹침에도 모순 없이 대상으로서 성립할 수 있다면 그것은 이미 규정자들 속에 주어진 '공통의 정신성'이 있기 때문에 가능할 것입니다. 그렇게 모든 정신성을 가로지르는, 더욱 근원적인 '공통의 정신성'이 있다면, 존재하는 모든 정신성은 모두 그 공통의 정신성 속에 포함되는 것입니다.

또한 각각의 속성 가령 분필에서 색에 해당하는 속성, 재질에 해당하는 속성들이 각각 다른 정신성에 의해 규정된다고 볼 수도 없습니다. 각각 존재하는 것들이 어찌 정확히 합치되어 하나의 사물과 사실, 더 나아가 세계 전체를 이루어낼 수 있고, 유지될 수 있겠습니까? 이 경우 또한 그러한 것들을 몽땅 연결시켜주는, 완벽하고 조화로우며 더 근본적이고 전체적인 정신적 속성을 상정할 수밖에 없습니다.

이렇듯 규정자가 복수라면, 그 어떤 방식으로든 '큐브의 틈' 문제에 빠질 수밖에 없습니다. 따라서 세계는 하나의 정신성으로서 연결된 하나의 사태라고 볼 수 있는 것입니다. 공간 사이의 틈이든 뭐든 몽땅 포괄할 가장 큰 규정자, 즉 정신성이 있는 셈이고, 그 정신성이 공간과 합일되어 세계 전체의 범주를 정하는 가장 큰 존재가 되는 것입니다. 그렇지 않은 복수의 존재자에 의한 세계 규정은 설명될 수 없습니다. 이것에 대해 다시 설명하겠습니다. 이 책의 가장 어려운 부분이기 때문입니다.

우선 규정자끼리는 어찌어찌 딱 붙어 있을 수 없습니다. 계속해서 딱 붙어 있다는 것은 우연이 아닌 필연을 의미하기 때문입니다. 즉 모든 규정자가 빈틈없이 딱 붙어 있다는 말은 그렇게 빈틈없이 붙여준, 더 거대한 존재자가 존재하기 때문임을 부정할 수 없기 때문에, 규정자끼리는 붙어 있을 수 없습니다. 또한 규정자 사이에 틈이 있어서는 안 됩니다. 그럴 경우, 큐브 퍼즐 모순에 봉착하기 때문입니다.

그렇다면 정신성이 계속해서 겹쳐 있는 경우는 어떨까요? 이 경우, 그 겹쳐 있는 부분이 다른 정신성의 전부에로 확장될 수 있음을 부정할 수 없습니다. 존재란 불변하는 것이 아닌, 시시각각 변하는, 그리고 변할 가능성을 가진 존재이기 때문입니다. 지금 당장 접시에 담긴 귤을 집어 들어 창밖으로 던져버릴 수 있고, 오랫동안 읽지 않은 철학서를 찾아 서재를 뒤질 수 있듯이 존재하는 모든 것은 변화하고 이동할 수 있습니다.

이렇게 각각의 규정자가 변화로 말미암은 이동을 통해 서로 만나게 된다면^{겹치게 된다면} 규정자끼리는 서로 겹치게 되며, 그렇다면 그것은 대체 무엇으로써 규정되는 것입니까? A와 B가 겹친다면, 그것은 A입니까 아니면 B입니까? 어떻게 되든 둘 간의 조화 혹은 한쪽의 삭제를 통해 하나의 존재로서 규정될 수밖에 없습니다. 그게 아닌, 동시에 두 가지의 존재로서 규정되는 것은 구체가 아니므로, 존재로서 성립될 수 없기 때문이지요.

겹쳐 있다면 겹쳐 있는 부분 외의 다른 부분도 얼마든지 겹칠 가능성을 갖는 셈이고, 또한 존재는 변할 가능성을 갖는 것이기에 각각의 정신성이 겹쳐지는 것을 막아설 존재는 없게 되므로, 각각의 정신성이 겹칠 경우는 얼마든지 생기게 됩니다.

이 경우에 봅시다. 그 어떤 경우에도 모순되는 존재는 성립될 수 없으므로, 각각의 정신성이 겹칠 때마다 대상은 무조건 완벽한 어떠한 상태로 규정될 수밖에 없습니다. 이 과정에서는 그 어떤 실패와 그로 말미암은 정반합적 시행착오과정은 있을 수 없습니다. 무조건 완벽한 상태에 놓여야만 합니다. 단 한순간도 모순되는 불완전한 존재는 세상에 있을 수 없기 때문입니다.

그렇다면 생각해보십시오. 모든 정신성들 간에 퍼져 있는 '공통적인 규정성'이 없다면, 과연 매번 그렇게 모순 없이 맞아떨어질 수 있을까요? 존재는 모순이 있어선 안 되므로, 존재하는 것들은 모조리 다 완벽한 상태로 있어야만 합니다. 정신성끼리 겹치든 말든, 무얼 하든 말이지요. 그렇게 본다면 각각 존재하는 규정자로서의 정신성은 생판 처음 접하는 다른 정신성끼리 겹친다 해도 반드시 완벽한 상태로 놓여 있어야만 하며, 이러한 과정에서 본다면 모든 정신성에 선행해 있는 존재인 '공통의 규정성'을 인정할 수밖에 없습니다.

즉 모든 정신성들 속에는 공통의 규정성이 포함되어 있는 셈이고, 각각의 정신성이 만날 때 이 공통의 규정성이 작용함으로써 모순 없는 완벽한 존재가 될 수 있는 셈이지요. 여기에서 공통의 규정성은 일개 법칙이나 자연현상 따위를 말하는 것이 아닌, 가장 근원적인 존재로서의 규정성입니다. 한 정신성이 다른 정신성의 그 어떤 부위와 만나더라도, 반드시 존재로서 성립되기 위해서는 그것이 가능하고자 이미 저변에 깔린 공통의 규정성이 있어야 하며, 그렇게 온통 깔린 공통의 규정성으로서 구성되어 있기에 각각의 특수한 정신성은 존재 이유가 없어지게 됩니다.

다른 정신성과 언제 어디서 만날지도 모르므로 그것에 예비된 상태는 항상 해당 정신성 전체에 퍼져 있어야만 하며, 그렇게 된다면 한 대상에 두 개의 규정성이 겹치게 되므로 존재가 될 수 없습니다. 따라서 보다 작은 정신성들은 몽땅 제거되고 오직 가장 큰 정신성만이 존재하게 되는 것입니다.

이렇듯 정신성이 존재하는 방식이 그 어떤 방식, 어떤 경우에라도 각각 존재하는 규정자가 아닌, 그것들을 모두 통합하는 단 하나의 존재이자 규정자로서 정신성이 존재할 수밖에 없습니다. 따라서 결국 세계는 그 가장 큰 정신성 하나로 말미암아 존재하고 있는 셈이 되게 됩니다. 같은 공간 속에 상반된 두 개의 규정자가 동시에 존재할 수는 없으므로, 더욱 작은 정신성은 제거되고 가장 큰 유일한 정신성만이 있을 수밖에 없습니다.

가장 큰 정신성과 더 작은 정신성들끼리 겹치거나 맞대고 있다면, 결국 그것은 크기의 차이일 뿐, 앞서 말했던 모든 규정자끼리 딱 붙어 있는 경우와 다를 게 없으므로, 결국 '큐브의 틈' 모순에 빠질 수밖에 없기 때문입니다. 이러한 모순을 극복하기 위해서는 세계의 모든 것을 규정하는 정신성이 오로지 하나라고 보는 관점만이 유효합니다.

이것을 깨부술 반격은 존재하지 않습니다. 그럼에도 억지반격이 가능하기는 한데, 가령 정신성 간의 미세한 틈 사이가 '없음'으로써 채워져 있다는 주장 말이지요. '없음'은 규정되지 않는 것이기 때문에 정신성을 필요로 하지 않고, 따라서 복수의 규정자가 존재할 수 있다고 반박할 수도 있습니다.

이것은 상당히 부끄러운 반박입니다. '없음'은 말 그대로 '아무것도 없음'인데, 존재와 존재 사이에 '없음'이 과연 올 수 있을까요? 물론 없습니다. 왜냐하면 큐브의 틈 자체 또한 엄연히 존재하는 것인데, 어찌해서 그 존재 사이에 '없음'이 놓일 수 있겠습니까? '없음'은 공간이든 무엇이든 아무것도 없음인데, 어찌해서 그것이 '있음'으로서 작용할 수 있겠습니까? 만에 하나 놓인다 하더라도 아무것도 가지지 않는 상태이므로, '있음'에 해당하는 것을 단 하나도 방해할 수 없으니 전혀 위협적이지 않습니다.

'있음'끼리 갈라놓을 수도 없고, 그 어떤 것도 할 수 없습니다. 말 그대로 '없는 것'이기 때문이지요. 그 '없는 것'에서 어떠한 역할을 기대한다면, 그것 자체가 '없음'을 '있음'으로 간주하는 것과 다를 바 없습니다. '없음'에 대해 논한다는 것 자체가 소모적인 일이고, 쓸데없는 일입니다.

따라서 존재 사이에 '없음'은 존재하지 않으며, 세계는 하나로 연결된 상태가 되는 것입니다. 이러한 논의를 통해 세계의 규정자, 즉 정신성은 다음과 같이 정의할 수 있습니다.

세계는 오로지 단 하나의 정신성만으로 규정되는 곳이다.

이렇듯 세계는 하나의 정신성에 의해 이어져 있습니다. 이제 이렇게 연속되고, 이어진 정신성의 또 다른 면모를 보도록 합시다.

라-3 정신성 - 세계의 질서를 정하는 존재

자~ 앞서서 세계의 최소를 지금 당장 규정하고, 또한 지탱하고
있는 하나의 존재로서의 정신성에 대해 언급했습니다. 그렇다면 이제
이러한 정신성의 또 다른 측면을 파헤쳐보도록 해봅시다.

세계는 코스모스일까요, 아니면 카오스일까요? 갑자기 생뚱맞게
코스모스와 카오스가 왜 튀어나오는지 궁금해하실 분들이 많을 텐데,
여기서 일컫는 코스모스와 카오스가 이번 단원인 '세계의 질서를 정
하는 존재로서의 정신성'과 아주 밀접한 연관을 지니기 때문입니다.
과연 이 세계의 질서는 원래부터 부여된 질서인 코스모스에 의한 질서
인가요? 아니면 원래는 혼돈이지만, 이 혼돈이 우연히 확산된 결과로
이루어진 임시적인 질서인가요? (여기서의 카오스는 카오스 이론의 그것
을 의미하는 것이 아닌, 혼돈 그 자체를 의미하는 것입니다.)

이것은 지금도, 그리고 앞으로도 쉽사리 판가름 나지 않을 논쟁일
것입니다. 하지만 경험을 통해 받아들인 세계의 면모들은 어쨌든 카오
스보다는 코스모스에 보다 힘을 실어주는 것이 사실입니다. 오묘하고
정교한, 그리고 규칙적인 질서와 조화가 세계 모든 곳을 지배하고 있기
때문입니다. 완벽한 카오스는 찾아볼 수 없으며(그 이유에 대해서는 조금

후에 설명하겠습니다), 나비효과와 같은 것들도 혼돈 그 자체로서 유지되는 것이 아닌, 질서 속에서 발현되는 어떤 것에 지나지 않습니다.

질서 속에서 발현되는 예측할 수 없는 몇몇 가짓수를 과연 진정한 카오스라 할 수 있을지는 의문입니다. 정교하게 잘 지어놓은 파르테논 신전 속에 어디로 튈지 모르는 럭비공이 돌아다닌다고 해서, 과연 그곳 전체를 카오스라 할 수 있을까요? 물론 그렇다고 해서 코스모스 이론이 명석 판명하다고 생각되지는 않습니다만, …어쨌거나 이 세계의 기본 틀 자체는 카오스가 아닌 코스모스인 것처럼 보이는 것은 사실입니다.

그렇다면 질서와 조화가 세계를 지배한다는 것은 무엇으로 풀이될 수 있는가 하면, 세계 전체를 규정하는 정신성이 스스로를 그러한 질서와 조화로써 채워 넣는다는 의미로 풀이될 수 있습니다. 즉 세계와 정신성이 자신의 의지대로 세계를 질서와 조화로 채워넣는다는 의미인 것입니다.

물론 의지를 갖는다는 것은 상당히 능동적인 입장이므로, 이를 반박할 요소는 얼마든지 많습니다. 가령 질서와 조화의 주체가 꼭 정신성이어야만 하는 필요가 있는가 하는 것 등입니다. 물론 꼭 그렇게 생각해야할 필요는 없습니다. 세계에 질서와 조화가 퍼져 있는 것은 무작위의 카오스가 어쩌다 우연히 지금의 형태로써 전 세계에 확장된 것이라볼 수도 있기 때문입니다. 이런 입장에서 보자면, 카오스 이론이 맞는 것이며, 코스모스 이론은 틀린 것입니다. 카오스 이론이 코스모스 이론에 선행하기 때문입니다.

하지만 결코 간과해서는 안 될 것이 있습니다. 카오스이든 코스모스이든 그 어떤 경우에도 그곳에는 정신성이 항상 작용하고 있다는 것입니다. 세계가 어떠한 모습이든 그것을 그렇게 규정하는 정신성은 반드시 작용하고 있고, 그 정신성이 카오스나 코스모스보다 선행한다는 점입니다. 정신성 외에 대상을 대상으로서 정의하는 것을 명령하는 또 다른 어떠한 속성은 존재할 수 없습니다.

가령 세계의 최소를 정하는 것이 또 다른 주체(A)에 의한 것이고, 정신성은 그것에 명령을 받는 상태라고 가정할 수는 없다는 뜻입니다. 정신성은 존재하는 모든 것을 규정하는 것이므로, A 또한 정신성에 포함된 상태일 수밖에 없습니다. 그렇다면 A의 주체는 A 자신이 아닌 정신성이게 되니 모순이 될 수밖에 없지요.

이렇듯 세계를 몽땅 다 그러하게끔 규정하고 있다는 측면은 세계가 주체적인 존재임을 보여주는 대목입니다. 물론 그렇다고 해서 이 세계의 질서를 정하는 것이 정신성의 자의적인 의지에 의한 것이라는 말은 아닙니다. 앞서 말했듯이, 그리고 카오스 이론에서 밝혔듯이 이 세계의 질서는 무작위의 우연한 확장으로 말미암은 것일 수도 있기 때문이지요.

분명 세계를 규정하는 것 자체는 정신성이 하는 일이지만, 세계의 질서와 법칙은 그 정신성이 허락하는 선에서 세워진 개별적인 어떠한 현상, 가령 카오스에서의 무작위와 같은 것에 의함일 수도 있음을 부정할 수 없기 때문입니다. 이는 세계가 어떠한 의지와 기준을 가지고 있는가 하는 대척점에서, 어느 한쪽의 손을 명확히 들어주기 어렵게 만듭니다.

　세계의 질서가 세계의 정신성 그 자체의 의지에 의한 것이라면, 그것은 정신성이 이 세계의 질서를 정해주는 완벽한 주체로서 작용하고 있는 경우로서 이해될 수 있지만, 그렇게 명석 판명하게 확신할 만한 근거가 없다는 점이 문제입니다. 앞서 말했듯이 카오스와 같은 개별적인 현상의 우연한 확장으로 말미암아 이 세계의 질서가 정해졌다면, 이 세계 표면적 질서의 주체는 정신성이 아닌 개별적 현상^{카오스에 의한}이 되는 것입니다.

　물론 그러한 개별적 현상을 규정하는 것 자체 또한 정신성이지만, 어쨌든 이 경우 세계는 스스로를 규정할 전체적인 기준을 가지지 않음을 보여주는 것이며(물론 세계가 스스로의 기준을, 우리가 볼 수 없게끔 꼭꼭 숨기고서 안 보여주는 것일 수도 있지만, 어쨌든 경험된 바로써 결정을 내리자면 그러합니다), 세계의 개별적 현상에 의해 만들어지고 확산된 법칙에 의해 세계가 운영되어 가고 있다 볼 수도 있는 것입니다.

　하지만 여기서 간과해서는 안 될 것이 있습니다. 세계의 질서가 세계 그 자체의 의지에 의한 것이든, 아니면 개별적 현상의 확산으로 말미암은 것이든 중요한 것은 바로, 존재는 법칙에 선행한다는 것입니다. 법칙에 따라 존재가 만들어지는 것이 아닌, 존재에 의해 법칙이 만들어지고, 그 법칙의 방식에 따라 존재에서 존재가 나오고 변형되는 것일 뿐이라는 것입니다. 아무것도 없는 상태에서 오로지 법칙만으로 존재를 만들어낼 수 있을까요?

　물론 제 철학서를 처음부터 봐온 분이라면 그것은 불가능할 것임을 알 것입니다. 법칙이든 무엇이든 존재라면 반드시 구체성을 띠어야 하므로, 추상적 개념에 해당하는 '법칙 그 자체'만 따로 존재할 수는 없기 때문입니다. 세계의 존재가 법칙으로 말미암아 생성된다면, 존재 이전에 법칙에 해당하는 어떠한 상태가 있어야만 하고, 그렇게 구체를 갖춘 상태로 있다는 것 자체가 이미 존재가 되는 것이므로 법칙에서 존재가 나온다는 말은 거짓이 됩니다.

이렇듯이 법칙은 존재를 매개해주는 보조적 역할을 수행할 뿐, 존재 그 자체에 선행하는 필수조건이 될 수 없습니다. 그 어떤 물리학 법칙 등도 존재 그 자체의 무게에 비하면 아무것도 아니며, 우리가 생각하는 만물을 생성하는 법칙 또한 존재에서 존재가 나오는 것을 일정한 방식으로써 도와주는 역할을 하는 들러리일 뿐입니다. 존재와 같이 하지 않는 법칙 그 자체는 아무런 가치도 없고, 무게도 없습니다. 그런 반면에 법칙 없는 존재는 그 자체만으로도 충분한 값어치를 지닙니다.

이러한 입장에서 다시 생각해봅시다. 세계의 질서가 카오스로써 이루어진 것이든, 코스모스로써 이루어진 것이든 그것은 중요도 등급에서 높은 순위를 차지하지 못합니다. 세계의 질서가 어떤 방식으로 이루어지든 그것이 세계를 더욱 값어치 있게 만드는 것은 아닙니다. 중요한 것은 지금의 세계전체는 정신성의 지배를 받고 있다는 것입니다. 그럼에도 카오스와 코스모스의 문제를 중시하는 대다수의 사람에게 결국 중요한 것은 "세계의 최소가 무엇으로 규정되고 있는가"가 아닌, "세계가 어떠한 질서로서 흘러가고 있는가"이므로, 카오스가 진실한 개념이라고 우겨댈 사람들이 있을 것입니다. 이런 분들을 위해 코스모스는 제쳐두고 카오스에 대해서만 언급해보도록 하겠습니다.

카오스는 존재할 수 없습니다. 우리가 카오스라 부르는 것들은 암묵적으로 합의된 범주 내에서 마음대로 활약하는 개구쟁이일 뿐, 완벽한 카오스 그 자체는 아닙니다. 이 세계에 완벽한 혼돈은 절대 있을 수 없습니다. 완벽한 혼돈은 오직 무한에서만 가능하기 때문이지요. 이제 이에 대해 자세히 살펴보도록 합시다.

카오스가 왜 불가능할까요? 그것은 세계가 무한이 아니므로 최소점을 가질 수밖에 없기 때문입니다. 진정한 카오스라면 자기 동일성을 가져서는 안 됩니다. 말 그대로 혼돈이라면 최소한의 자기 동일성조차 없어야 하기 때문입니다. 이것을 그림으로 정리하자면 다음과 같습니다.

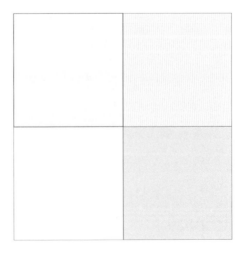

이렇듯이 마구잡이로 뒤섞인 것을 카오스라고 본다면, 이것은 카오스가 아닌 코스모스입니다. 위의 그림 중 첫 번째인 회색 상태를 봅시다. 회색은 분명 다른 색에 비하자면 카오스이지만, 그 자체는 코스모스입니다. 세계는 무한이 아니므로, 저 회색이라는 최소점을 유지시켜줄 만한 동일성이 있어야만 하며, 그렇게 된다면 그것은 완벽한 의미에서의 카오스가 아니게 되는 것입니다.

진정한 카오스 상태가 되려면 저 회색 네모를 채우는 내용물 또한 다양한 카오스로써 구성되어야만 하며, 그 카오스 상태는 무한히 세밀해지고, 세밀해지면 세밀해질수록 다양해야 하며, 단 한순간도 동일한 지점으로 유지되어서는 안 됩니다. 즉 추상적 개념인 '점'에 이를 때까지 동일한 상태가 없어야만 합니다.

물론 앞서 말했듯이 이러한 것은 무한에서나 가능할 뿐입니다. 최소점이 정해질 수밖에 없는 실제세계, 정신성의 세계에서는 이러한 완벽한 카오스는 불가능하며, 카오스인 척하지만 실제로는 코스모스인 그러한 것만이 있을 뿐입니다.

최소점을 가지는 규정된 것들이 과연 무한대의 무작위를 가지는 카오스를 만들어낼 수 있을까요? 물론 그것은 불가능합니다. 정해진 존재로서 만들어낼 수 있는 가짓수는 결국 제한적일 수밖에 없으며, 따라한 카오스라 불리는 현상도 그 가짓수 중 하나에 불과하므로 카오스가 될 수 없는 것입니다. 물론 세계는 제한된 세계가 아닌, 창조성으로써 계속 확장해나가는 존재이지만, 어쨌든 순간순간은 그 가짓수에 있어 제한이 있을 수밖에 없으므로 단 한순간도 카오스가 존재할 수는 없는 것입니다. 만일 카오스가 존재한다면, 반드시 다음과 같은 형태를 가져야만 합니다. 물론 그것은 불가능하지요.

이것보다 세밀하고, 이와는 전혀 다른 경지를 무한히 품음	이것보다 세밀하고, 이와는 전혀 다른 경지를 무한히 품음	이것보다 세밀하고, 이와는 전혀 다른 경지를 무한히 품음	이것보다 세밀하고, 이와는 전혀 다른 경지를 무한히 품음
이것보다 세밀하고, 이와는 전혀 다른 경지를 무한히 품음	이것보다 세밀하고, 이와는 전혀 다른 경지를 무한히 품음	이것보다 세밀하고, 이와는 전혀 다른 경지를 무한히 품음	이것보다 세밀하고, 이와는 전혀 다른 경지를 무한히 품음
이것보다 세밀하고, 이와는 전혀 다른 경지를 무한히 품음	이것보다 세밀하고, 이와는 전혀 다른 경지를 무한히 품음	이것보다 세밀하고, 이와는 전혀 다른 경지를 무한히 품음	이것보다 세밀하고, 이와는 전혀 다른 경지를 무한히 품음
이것보다 세밀하고, 이와는 전혀 다른 경지를 무한히 품음	이것보다 세밀하고, 이와는 전혀 다른 경지를 무한히 품음	이것보다 세밀하고, 이와는 전혀 다른 경지를 무한히 품음	이것보다 세밀하고, 이와는 전혀 다른 경지를 무한히 품음

이러한 카오스의 가능 불가능 여부를 떠나, 어쨌든 가치가 있는지 없는지도 모를 이 세계의 질서와 조화가 과연 '있음'의 우연한 흐름으로 인한 것인가에 대한 논의는 해봐야 합니다. 아까는 분명 세계의 질서든 뭐든 법칙에 불과한 것이고 존재에 비하자면 가치 없다고 해놓고 왜 이것에 대해 논해야 하느냐면, 어쨌든 이것에 관한 논의는 유익한 것이며 세계의 지식을 더욱 풍성하게 해주기 때문입니다.

이것에 관한 논의로써 많은 것을 끌어낼 수 있겠지만, 그 가능성적인 측면에서 보자면 아무래도 세계의 질서와 조화가 세계 그 자체의 의지와 계획에 의한 것일 확률이 높습니다. 질서와 조화, 그리고 균형이 세계의 거의 모든 곳에 예외 없이 빼곡하게 들어차 있기 때문입니다.

가령 원소를 예로 들어봅시다. 전 우주에 동일한 원소들이 빼곡하게 존재하고, 그것이 뭉쳐 하나의 사물을 이루어내는 원인은 무엇입니까? 그리고 같은 종류의 원소들 각각이 그렇게 완전 동일한 성질과 구성물을 갖게 된 이유는 무엇일까요? 한 원소, 가령 수소가 있다고 해봅시다. 수소 원소 알갱이 하나 그 자체가 그러한 형태로 우연히 존재할 수는 있지만, 그런 비슷한 것이 우주 전역에 채워져 있는 이유는 무엇일까요?

그리고 그런 것들이 모여 동일한 구조를 이루어 내는 이유는 무엇일까요? 원소의 그러한 성질의 원인이 각각의 원소 그 자체에 의해 원래 그러한 것이라 생각해봅시다. 그렇다면 같은 종류의 원소들이 우주 전역에 퍼져 있는 이유를 설명할 수 없습니다. 세계에 있는 원소들 성질이 제각기 달라야만 하기 때문이지요. 물론 우연히 같을 수도 있겠지만, 같은 것들이 이렇게나 많을 수는 없습니다.

또한 그러한 원소 등이 모여 동일한 현상을 반복적으로 이루어내는 이유는 무엇일까요? 가령 매년 가을이 되면 사과나무에 사과가 열리는 원인은 무엇일까요? 물론 기후 등등 다른 곳에서 그것에 대한 원인을 찾을 수는 있습니다. 하지만 그런 원인이 주기적으로 반복되는 원인은 무엇일까요? 비단 눈에 드러난 동일한 현상의 반복뿐만이 아닙니다. 파동 또한 마찬가지입니다. 일제히 그러한 규칙적인 파동을 내게끔 해주는 것은 무엇입니까?

이것 또한 위의 예에서와 마찬가지로 그 자체가 이러한 현상의 원인일 가능성은 낮습니다. 가령 초끈이론에서 원소에 깃든 끈이 물질을 변화시킨다고 해서 그것이 계속해서, 그리고 주기적으로, 그리고 다른 것과 동시에 그러함으로 말미암아 동일한 어떤 사태를 만들어내는 이유 등은 설명할 수 없습니다. 끈 하나가 그러함은 설명할 수 있지만, 끈이 모두 그러한 이유는 설명할 수 없지요.

자~~ 이러한 것들은 무엇을 설명하느냐? 바로 세계가 의지와 계획에 따라 만들어졌을 가능성이 크다는 것을 설명해줍니다. 물론 이것은 명석 판명한 것이 아닙니다만, 어쨌든 세계의 질서가 부분적인 카오스(앞서 설명했듯 완전한 카오스는 불가능하므로)에 의해 이루어졌다고 보는 입장보다는 훨씬 높은 가능성을 지닌 셈입니다. 과연 우연의 찌꺼기가 남아 있는 상태에서 하나의 대상이 성립·유지될 수 있을까요?

가령 눈앞에 복숭아 하나가 있다고 해봅시다. 지금 보이는 복숭아는 분명 '복숭아'라는 하나의 사물로서 확정된 상태입니다. 하지만 만일 세계에 우연의 흔적이 아직 남아 있다면 지금 보이는 복숭아는 쉽게 만들어질 수 없고, 만들어진다 해도 동일한 상태로 지속되기 쉽지 않습니다. 이것을 그림으로써 그리자면 다음과 같습니다.

복숭아의 연대기
복숭아 전체가 부식된 상태
(A)
부식된 복숭아가 다시 싱싱해진 상태
(B)
싱싱해진 복숭아가 지렁이로 변한 상태
(C)

이렇듯 우연과 무작위의 흔적이 존재한다면, 복숭아는 그 형태가 계속 바뀌어야만 합니다. A에서 B, B에서 C로 변하는 동안 복숭아는 무작위로 계속 바뀌어 나가겠지요. 물론 A와 B, 그리고 C가 동시에 존재할 수는 없습니다. 존재는 항상 하나의 구체만을 가질 수밖에 없으므로 A와 B, 그리고 C 혹은 A와 B, C의 특정 부분을 나뉘어 갖춘 (그렇지만 겹치지는 않는) 상태만이 존재할 수 있지요. 또한 A보다 더욱 세밀한 어떠한 경지가 A와 상충하는 내용을 가질 수도 없습니다.

가령 복숭아 전체가 부식되는 상태가 A이고, 복숭아 전체가 부식되는 것을 방지하는 상태가 a라면 A와 a는 공존할 수 없는 셈이지요. 모순되는 두 내용으로 구성된 존재는 있을 수 없을뿐더러, A 자체가 a의 합이므로 부식되지 않는 상태라는 내용의 합이 부식되는 상태를 만들어낼 수는 없기 때문입니다. 존재하는 것은 항상 그보다 세부적인 단계의 합으로 구성되므로, 상충하는 두 개의 구조가 한 존재에 동시에 스며들 수는 없기 때문입니다.

무작위의 상태의 복숭아는 불가능하다. 당신이 깨문 복숭아 부위가 벌레로 바뀐다면 과연 당신은 어떤 기분이 들까?

어쨌든 이렇게 계속해서 무작위로 바뀌어가는 복숭아는 세계가
무작위로써는 통치되기 힘든 곳이며, 정신성이 가진 의지에 의해 규정
되는 존재일 확률이 높음을 보여주는 대목이 아닐 수 없습니다. 만일
세계의 질서와 조화가 우연히 확립된 개체적인 법칙의 확산으로 말미
암은 것이라면, 비록 몇 부분은 우연으로써 그러하게끔 될 수는 있되,
모든 것이 그러하게끔 되기는 어렵습니다.

　복숭아가 복숭아로서 존재하려면, 그것을 복숭아로서 규정해주
는 정신성의 의지가 복숭아 전체에 퍼져 있어야만 훨씬 수월하게 복숭
아가 복숭아라는 존재로서 지속될 것입니다. 만일 그렇지 않고 세계에,
그리고 복숭아에 '우연'이라는 찌꺼기가 남아 있게 되어 시간이 연속
되는 동안 복숭아가 계속해서 무작위의 상태에 놓이게 된다면, 동일한
형태의 복숭아는 지속될 수 없게 됩니다. 복숭아 전체 혹은 복숭아 부
분부분이 모두 무작위에 놓임으로써 복숭아를 복숭아로써 부를 수 없
을 지경이 될 수밖에 없습니다.

　하지만 독자들은 그러한 것을 본 적이 있습니까? 이제껏 단 한 번
이라도 복숭아의 어느 한쪽이 특정한 원인 없이 순식간에 소멸하거나
부식하는 것을 본 적이 있습니까? 누구도 본 적이 없을 겁니다. 비단 복
숭아뿐만이 아닌 세계의 모든 것이 정해진 원인으로 말미암아 정해진
결과, 즉 필연적 요소에 의해 지탱되고 있습니다.

　만일 그렇지 않다면, 우리는 매일같이 우리의 뇌 한쪽이 우연히
부식되어버릴 가능성에 대해 두려워해야 하며, 우리가 사는 아파트가
순식간에 부식되어 무너져내려 죽음을 맞이할지도 모를 공포 속에

살아야만 할 것입니다. 만점짜리 시험 성적표가 순식간에 0점으로 바뀔지도 모르며, 기껏 발견해놓은 물리학 법칙을 한 시간도 안 돼 다시 정립해야 하는 불상사가 생길지도 모릅니다. 무작위의 세계는 이토록 두렵습니다.

물론 이렇게 반론할 수도 있습니다. 세계의 질서가 만들어진 것은 분명 우연과 무작위의 확산으로 인해서이지만, 어쨌든 그 우연에 의한 질서가 이제는 전 우주에 퍼져 세계 전체를 지배하고 있다고 말이지요. 즉 지금 우리는 질서가 모두 퍼진 후의 세계 속에서 살고 있다고 볼 수도 있습니다.

하지만 그것과 반대로 생각해보십시오. 우연히 만들어진 질서의 확장이 지금의 전 우주질서를 만들어냈다면, 반대로 우연히 생긴 또 다른 질서가 확장되어 우주 전체를 또 다른 질서로서 채워넣을 수 있다고 볼 수도 있지 않겠습니까? 빅뱅으로 말미암은 우주탄생 후 200억 년이라는 긴 시간 동안 그럴 기회는 매우 충분했을 것입니다. 물론 이미 세계의 질서가 여러 번 바뀌어왔고, 지금은 그 바뀐 질서 중 하나의 기간 속에 사는 중이라고 말할 수도 있지요.

하지만 그렇다고 쳐도 세계의 질서가 우연히 바뀌어 확산하는 것을 목격할 기회는 여전히 매우 많이 얻고 있는 셈입니다. 적어도 우리 각자가 사는 80년이라는 긴 시간 동안에라도 말이지요. 그럼에도 우리는 80년이 지나는 동안 그 어떤 획기적인 변화도 목격하지 못하지 않습니까?

물론 이것을 반박할 또 다른 논리 또한 존재합니다. 우연히 확립된 질서가 상당히 견고한 힘을 지니고 있어 이젠 어떤 조그마한 우연으로는 그 견고한 세력을 도무지 무너뜨릴 수 없어, 세계의 질서가 무너지지 않는다고 생각할 수도 있습니다. 이러한 입장의 내용을 '독아론자의 선물'이라는 짤막한 소설로써 풀어내 봅시다.

미하엘이라는 아주 호기심 많고 총명한 청년이 있습니다. 그는 어릴 때부터 자신의 머릿속에 맴돌았던 독특하면서도 논리적인 생각을 관념론과 융합함으로써 시대를 이끌 하나의 철학 조류로 만들어내 철학의 나라라는 조국의 명성을 더욱 드높이고자 철학의 명문 하이델베르크 대학 철학과에 진학했고, 자신의 지혜를 더욱 가다듬고자 시간을 아껴 공부에 몰두했습니다.

그의 총명함과 노력은 수많은 동기, 그리고 선배 중에서 그를 더욱 빛나게 해주었고, 그 결과 학자로서 매우 이름 높은 교수들의 칭찬과 좋은 학점, 그리고 공동연구 제의까지 받는 등의 유망한 철학도로서 1년을 보냈습니다.

미하엘은 열심히 공부한 덕분에 학비 전액 장학금을 받았고, 그로써 방학 동안 파트타임 잡을 통해 번 돈 중 대부분을 여유롭게 쓸 수 있음을 알고, 그 돈으로 무엇을 할까 곰곰이 생각했습니다. 책을 더 살까? 아버지가 건강해지기 위해 사려는 아시아의 한약재와 고려인삼을 살까? 아니면 자신을 여러 면에서 챙겨주고 사랑해주는, 같은 학과의 애인을 위해 비비안 웨스트우드 신상 가방을 사줄까?

미하엘은 그 모든 것을 구입하고도 돈이 여유가 있음을 알고, 그것을 몽땅 질렀습니다. 그러고나서도 무려 1000유로나 남았는데, 그 돈을 보며 미하엘은 번역 파트타임 잡이 정말로 좋은 일이라는 것을 느꼈습니다. 물론 그쪽 계통으로 나갈 생각은 없지만….

많이 남은 유로를 보던 토마스는 갑작스레 여행하고 싶은 충동을 느꼈고, 그리고 그의 충동은 채 세 시간도 되지 않아 그의 배낭을 여행도구로 가득 채워넣게 했습니다. 모든 준비는 잘 끝났습니다. 여자친구가 파트타임 잡 기간이 끝나지 않아 같이 갈 수 없게 된 점만 빼고서는 말이죠.

미하엘은 자신의 두둑한 지갑이 허락하는 대로 유럽 각지를 마음껏 돌아다녔습니다. 파리의 노트르담 성당에서 미사를 보았고, 그리스의 아카데메이아 유적지에서 플라톤과 아리스토텔레스의 향취를 마음껏 들이마셨습니다. 암스테르담 광장에서는 암스테르담 4중주단의 환상적인 야외공연을 보았고, 이탈리아 토스카나 주에서는 피

사의 사탑의 기울기에 따라 자신의 몸과 시선을 기우뚱하고 기울여 보기도 했습니다.

들뜨기만 했던 미하엘의 기분은 폴란드 오슈비엥침에 들러 차분히 가라앉았는데, 수십 수백만의 목숨을 앗아간 수용소의 을씨년스럽고 비극적인 분위기 앞에 선 그는 과거 나치의 악행을 대신해 추모와 속죄의 눈물을 뜨겁게 흘렸습니다.

다양한 국가의 꽤 많은 곳을 여행하고 평화의 아늑한 색으로 채색된 루마니아의 시나이아를 지나던 그에 눈에 우뚝 솟은 거대한 펠레쉬 성이 들어왔습니다. 루마니아 국보 1호를 직접 보게 된 미하엘의 정신은 감동과 흥분의 붉고 푸른색으로써 뒤범벅이 되었고, 그의 심장과 온몸에서 진실 되게 뿜어져 나오는 스탕달 신드롬은 그를 무릎 꿇게 만들었습니다.

다시 일어서려던 찰나, 동전통을 던져놓고 잔디밭 위에 드러누워 자는 한 늙은 거지가 보였습니다. 거지로서의 부끄러움이나 추함 따위는 그 어디에서도 찾아볼 수 없는, 오히려 교양 있는 학자와 같은 표정과 자세로 점철된 그 노인은 미하엘로 하여금 호기심을 자아내게 해 그에게 접근하게 했습니다. 5유로를 꺼내 돈통에 집어넣자, 노인은 빼꼼이 눈을 뜨고 보더니 나지막하게 중얼거렸습니다.

"5유로 더 넣게나. 명색이 이 늙은이가 패스트푸드점을 들락거려서야 되겠니?"

미하엘은 너무나도 당당하고 뻔뻔한 노인의 태도에 당황하면서도 동시에 큰 놀라움을 느꼈습니다. 노인의 언어가 영어였고, 그 발음 또한 영국 본토사람의 그것처럼 매우 깔끔했기 때문이었습니다. 미하엘은 지갑에서 5유로를 더 꺼내 돈통에 집어넣었고, 노인은 힐끔 쳐다보더니 이내 흡족한 표정을 지었습니다.

"거지 영감님? 이곳 출신이 아닌가 봐요?"

"암… 아니고말고. 난 영국인이야. 그리고 거지가 아니라 여행자이지. 또한 옥스퍼드의 역사학 교수이기도 하고 말이야. 2년 전에 정년퇴임하고 이곳에 왔지."

"교수라구요? 정말요? 그런데 왜 구걸을 하세요?"

"구걸? 난 구걸한 적 없다구. 잘 생각해봐. 나 같은 나이의 사람은

이렇게나 좋은 날씨에는 잔디밭 혹은 나무 둥지 등에서 낮잠을 자
는 게 아주 좋다구. 나는 그런 선택에 충실했고, 거기에 보다 좋은
선택의 가짓수 하나를 덧붙였지. 주변에 굴러다니는 돈통 하나를 내
앞에 갖다 놓으면, 나를 거지로 착각해 자네같이 순진한 사람이 적
선할 테고, 그렇게 되면 나는 공짜로 돈을 버는 셈이지. 어때 합리적
이지 않나?"

미하엘은 노인의 논리와 생각에 기가 막혔지만, 어쨌든 말을 이어나
갔습니다.

"뭐 좋아요. 그나저나 어디를 여행하시는 건가요?"

"어디라니? 어디라는 것은 특정 구역을 지칭하는 것이 아닌가?"

"당연하죠. 로마면 로마, 시칠리아면 시칠리아…."

"에이 이 청년아. 대자연의 입장에서 생각해보게. 구역이란 인간이
나눈 인위적인 규칙에 불과하지, 실존하는 것이 아니잖은가? 가령
이곳 시나이아는 인간이 보기에 시나이아일 뿐, 인간을 제외한 모든
존재에게는 그저 그렇고그런 곳에 불과하지."

"뭐… 따지자면 그렇죠."

"이것 봐. 난 자연주의자야. 인간의 생활방식과 사고방식은 극도로 혐오해. 학문 또한 마찬가질세. 인문학에는 치를 떠는 사람이고, 특히 그중에서도 인간이 만든 장난감인 논리를 가지고 말장난이나 일삼는 철학은 아주 싫어하다 못해 증오하는 사람이지. 이미 여럿이 그 장난감 가지고 내 앞에서 잘난 체하다 된통 혼났지. 암 그렇고말고. 게다가 난 독아론자라구. 세상 모든 것은 내 관념이 만드는 거고, 대상은 나에 의해 만들어지는 것에 불과할 뿐이지. 물론 내 관념은 곧 자연이지. 하하하."

자연주의자이자 인간의 생활방식을 싫어한다면서 동시에 합리성 운운하며 돈통을 들고 구걸하고, 인문학을 싫어한다면서 역사학 교수까지 지내고, 그리고 철학을 싫어한다면서 독아론을 언급하는 모순된 모습에 미하엘은 큰 혼란을 느꼈지만 꾹 참아내고 계속해서 말을 이었습니다.

"호호, 재밌군요. 그러면 독아론주의에다가 자연주의자이신 어르신이 보기에 저 펠레쉬 성은 어떤가요?"

"어떻긴? 자연이 우연히 만들어낸 작품일 뿐이지."

"네? 자연이 만들다뇨? 그럼 인간도 자연이란 말씀이세요?"

"이런이런 멍청하긴. 자네 억양을 보아하니 독일인인 것 같은데, 셸링과 헤겔 보기에 부끄럽지도 않은가?"

"어쨌든 저 성은, 인간들의 노동으로…."

"난 보았네."

뜬금없는 노인의 말에 당황한 미하엘은 노인을 계속 재촉했습니다.

"보다니… 뭘요?"

"저 성이 폭풍우에 의해 우연히 지어진 걸 말이야."

"무슨 말씀이세요? 저 성은 지은 지 150년이 다 돼가는 성인데…."

"허튼소리하지 마. 이 관념덩어리야. 네 주인인 나를 감히 속이려 들어?"

"그렇다면 설명을 해주세요."

"좋아. 설명해주지. 설명은 항상 사람을 떳떳하게 만드니까 말이야. 자네도 지난 여름 지독하게 끔찍한 폭풍우가 전 유럽을 강타한 걸 기억할 거야. 그때 내가 막 이곳 루마니아에 도착했고, 이놈의 자연이 나만 따라다니면서 훼방을 놓는다고 거칠게 투덜댔던 게 기억나는군. 어쨌든 숙소를 잡으려 이곳을 지나가던 순간 거대한 회오리가 지금 성이 있는 저곳에 머물지 않았겠나?"

"그래서요?"

"상당히 오랫동안 머물렀지. 아니 그런데 글쎄 이곳저곳에서 요동치는 바람줄기와 비바람이 온 마을의 지붕과 나무를 마구 꺾어대더군. 꺾인 나무들과 돌들이 거대한 회오리에 휘말려 하늘로 솟구치던 모습은 지금 생각해도 공포 그 자체구먼. 하여튼 그렇게 수시간 동안 요동치던 바람에 섞여 있던 석재와 나무들이 폭풍이 끝마칠 때가 되니 어찌어찌 뒤엉켜 저런 성 모양으로 지어지더구먼."

"뭐라구요!!"

황당한 노인의 말에 말문이 막힌 미하엘은 노인의 거짓말에 대해 분노의 시선을 쏘아보냈다.

"이보게, 진짜라구 진짜야. 자연에 의해 정말 어쩌다 우연히 저런 성이 만들어졌다구."

"자연이 저렇게나 정교하고 세밀한 바로크 양식의 건축물을 만들어 놓았다구요?! 그것도 전적으로 바람과 빗방울이 빚어낸 우연으로?"

"그렇다니까. 바람줄기와 빗방울이 어찌어찌 작용하다 보니 저렇듯 우연히 성이 만들어졌지. 그러니 자네도 대자연을 찬미하게. 하하. 난 이만 가봐야겠어. 사실 오늘 영국으로 돌아갈 참이라 서둘러야 하거든."

돈만 쏙 빼들고 유유히 사라지는 노인을 보며 미하엘은 도무지 어떤 감정으로 자신의 황당한 심장을 다스려야 할지 혼란을 겪고 있었습니다.

깨끗이 비워진 돈통으로 노인의 뒤통수를 맞추고서, 이것 또한 대자연의 바람이 어쩌다 보니 우연히 돈통을 움직여 당신의 머리를 맞췄다고 해볼까 하는 생각도 들었지만, 똑같이 유치한 사람은 되기 싫다는 생각에 고개를 설레설레 흔들고서, 인간의 노동 없이 전적으로 대자연의 우연한 흐름으로써 지어졌다던 펠레쉬 성을 하염없이 바라보기만 했습니다.

이 우화에서의 우연히 만들어진 펠레쉬 성은 무작위의 우연한 확산을 통해 만들어진 세계의 질서를 의미합니다. 이렇듯 우연히 확립된 질서가 상당한 견고한 힘을 지니고 있어, 어떤 조그마한 우연으로는 그 견고한 세력을 도저히 무너뜨릴 수 없어, 세계의 질서가 무너지지 않는다고 생각할 수도 있는 것입니다. 하지만 대자연의 바람과 빗방울에 의해 우연히 지어진 거대한 성을 본적이 있습니까? 만들려는 의지 없이 우연의 확산으로 이루어진 이런 거대하고 정교한 질서가 가능하다고 생각하십니까?

물론 가능하다고 주장하며 끝까지 우연을 옹호하겠다면, 그것에 대해 억지로 반론할 생각은 없습니다. 이러한 우연을 공격할 수 없듯이 반대로 우연도 이쪽을 공격할 수 없기 때문이지요. 우연주의자들의 그런 생각들에 대해서는 더 이상 간섭하지 않고 그냥 그렇게 놔둘 것입니다.

신록으로 온통 가능한 이곳이 과연 우연의 확산으로 만들어졌을까?

중요한 것은 세계를 규정하는 진짜 주체는, 우연이 아닌 정신성이라는 것이지요. 세계에 존재하는 모든 것은, 정신성이라는 규정자에 의해 규정되는 필연의 상태인 것입니다, 우연은 그저 스스로조차도 추스를 수 없는, 무능력자이며, 자신이 잘났기 때문에 자신이 존재하고 있는 줄 아는, 주제도 염치도 모르는 무뢰한일 뿐입니다.

세계의 질서와 조화가, 우연에 의해서인가? 아니면 세계 그 자체의 의지와 계획에 의해서인가에 대해서는 그 누구도 명석 판명한 결론을 내릴 수 없지만, 다만 후자가 할 말을 훨씬 많이 가지고 있기에 이러한 후자의 입장에 서서, "세계의 질서와 조화가 정신성의 의지와 계획에 따라서 이루어진다"는 사실을 도출하고서, 다음 사실로 넘어가도록 합시다.

라-4 정신성 - 세계의 최대를 정하는 존재

앞서 설명한 정신성의 특징을 잘 이해하신 분들이라면, '세계의 최대를 정하는 존재로서의 정신성'에 대해 쉽게 이해가 되시리라 생각합니다. 이것은 당연한 것이지요. 세계의 최소를 비롯해 존재하는 것을 모두 규정한다는 것은 그 범주의 최대치까지 규정한다는 말과 다를 바가 전혀 없기 때문입니다. 세계에는 무한이 존재할 수 없으니 그 최대치가 반드시 정해져야만 하지요. 따라서 세계의 영역 밖에서는 존재 자체가 있을 수 없고, 세계의 확장에 따라 존재가 생겨날 따름입니다.

하지만 조금 다른 각도에서 생각해본다면, 이러한 사실은 상당한 파장을 불러올 수 있습니다. 우리를 매개로 한 세계의 확장이 바로 그것입니다. 이는 한 구역 내에 두 개의 규정상태가 겹칠 수는 없음에서 기인하는 문제이지요. 여기서 말하는 두 개의 규정 상태 중 하나는 아까 말했던 정신성일 테고, 나머지 하나는 과연 무엇일까요? 바로 인간의 인식입니다.

생뚱맞게 인간의 인식이 갑자기 왜 튀어나오는지 궁금하시리라 생각합니다. 이것을 해결하고자 '두 명의 절대자'라는 짤막한 소설을 보여드리겠습니다.

프랑스 대혁명의 폭풍이 몰아치기 1년 전인 1788년. 국민의 삶은 궁핍했으며, 이와 반대로 귀족들의 삶은 더할 나위 없이 호화롭던 모순을 한 몸에 지니며 서서히 곪아가던 그 시기, 그르노블 지방에 한 괴짜 청년이 나타났습니다. 파리의 공작 집안 출생이라 밝힌 그의 이름은 비콩트. 비콩트는 자신이 환생한 신이라며 모든 이들에게 복종과 경배를 강요했고, 당연히 그를 믿을 리 없어야만 할 그르노블 시민들의 상당수가 그에게 재산을 갖다 바치기 시작했습니다.

호의적인 그르노블 시민들의 반응에 격양된 그는 한 술 더 떠 이제는 이 세계를 자신이 창조했다고 주장하기까지 했습니다. 그의 명성은 나날이 높아졌고, 다행히 그의 존재에 큰 의심을 품는 사람들 또한 많아졌습니다. 어쨌든 그는 그르노블 지방에서 최고가는 사기꾼이 되어 많은 돈을 벌어들였습니다.

이러한 혼돈으로 퍼져 가는 그르노블의 한구석에 관찰하기를 좋아하는 한 명의 아리따운 처녀가 살고 있었습니다. 그녀의 이름은 마리였고, 자연을 관찰하는 것을 너무 좋아한 나머지 수많은 남자의 구혼을 뿌리치고 스무 살에 이르도록 독신으로 살고 있었습니다. 그녀의 부모조차도 그녀의 마음속에 사랑, 그리고 결혼과 타협할 그어떤 것을 집어넣는 데 실패했고, 대신 대자연에 대한 경외만이 그녀의 마음속에 가득했습니다.

마리가 현미경을 사고자 그르노블 시내에 나간 날이었습니다. 여느 때와 마찬가지로 수많은 추종자를 데리고, 시내 이곳저곳을 돌아다니며 허세 떨기를 멈추지 않던 비콩트의 눈에 아리따운 마리가 들어왔고, 그녀가 몹시 마음에 든 나머지 그녀를 자신의 아내로 삼고자 온갖 거드름을 피우며 마리에게 접근해 말을 건넸습니다.

"결국 나에게 왔구나. 암, 그럴 수밖에. 대자연의 주인인 내가 너를 불렀는데, 네가 감히 안 올 수 있겠느냐?"

"누군지는 모르겠으나, 적어도 내가 보기엔 당신은 대자연의 주인이 아닌 평범한 사람에 불과한데요?"

"모르는 말은 하지 말거라. 야훼께서 이 세계를 내게 내려주셨고, 이곳에서 모든 것을 창조하고 가질 수 있는 권한 또한 주셨다. 나는 아내를 이곳에서 얻고자 했고, 그 영광의 주인공은 바로 너란다. 보이지 않느냐? 나를 추종하는 이 많은 이들을. 이들은 내가 세계의 주인임을 알아본 현자들이란다."

"세계의 주인이라면, 이 세계를 만드신 분이신가요?"

"물론 이 세계의 모든 것에 내 손결이 묻어 있지. 세계가 창조되는 것뿐만 아니라, 변화하는 것 또한 내가 손수 이뤄내는 것들이지."

"오오, 그렇다면 이 세계의 최대와 최소를 몽땅 다 만들고 변화시키는 분이신가요?"

"물론, 그 어떤 거대한 사물, 그 어떤 미세한 생물이든 내 영향력을 벗어날 수 없지."

비콩트의 말이 끝나기가 무섭게 마리는 자신의 머리에 꽂혀 있던 무언가를 빼내 비콩트 눈앞에 들이댔습니다. 깜짝 놀란 비콩트는 뒤로 물러나며 눈앞의 것을 낚아챘고, 그게 무엇인지 자세히 들여다보았습니다. 갈색의 나뭇잎이었습니다.

"세계의 모든 것에 대해 잘 알고 계신다면, 이 나뭇잎이 어째서 갈색인지 아시나요? 지금은 분명 여름인데, 가을 속에 살고 있어야만 하는 갈색 나뭇잎이 이곳에 있는 게 이상하잖아요."

비콩트의 낯빛은 당황함으로 말미암아 온통 붉게 변했지만, 추종자들이 보는 앞인지라 겨우 억지 위엄을 되찾고 말을 이었습니다.

"물론 알다마다. 세계 모든 것을 정하고, 그것에 대해 알고 있는 내가 과연 그 나뭇잎이 왜 그러한지를 모를 리 있겠느냐? 그것은 내가 지난 가을에 떨어진 나뭇잎을 썩지 않도록 조치했기 때문이지."

"이상하군요. 이 나뭇잎은 내가 지난여름 물감으로 색을 들여 이런 건대···. 색이 예쁘게 잘 들어 항상 머리에 꽂고 다니는 건데요?"

"암. 내가 그것을 모를 리가 있겠느냐? 그냥 한번 시험해본 것일 뿐. 네가 지난 여름 그 고운 손으로 나뭇잎에 갈색 물을 들인 사실을 모를 성싶으냐?"

"이상하군요. 내가 들인 색은 갈색이 아니라 붉은색인데요."

"어헛. 감히 어디서 내게 거짓을 늘어놓느냐?! 그 나뭇잎을 온통 채우는 갈색을 감히 붉은색으로 속여 말하다니. 나는 세계의 모든 것을 정하는 존재이다. 그 갈색 물감이 스며들도록 해준 것도 바로 나인데, 내가 그것을 모르겠느냐? 어째서 그런 거짓을 말하느냐?"

"그렇다면 당신보다도 더 위대한 존재가 당신 앞에 있는 셈이군요. 바로 이 현미경 말이에요."

"그 현미경 따위가 나보다 위대하다구?"

"물론이죠. 당신은 분명 이 나뭇잎을 물들인 색이 갈색이라고 말했어요. 하지만 이렇게 나뭇잎을 렌즈에 대고 확대해보면…. 자 어때요? 이래도 갈색인가요?"

비콩트는 조심스레 현미경에 눈을 가져갔다. 비콩트의 눈을 가득 채운 색은 갈색이 아닌 붉은색이었고, 경악한 비콩트는 그만 소리를 지르고 말았다. 이윽고 수많은 이들이 현미경을 통해 붉은색으로 가득한 나뭇잎의 확대 모습을 보았고, 비로소 비콩트에 의한 세뇌가 풀리게 되었다.

"어찌 된 게 당신이 만들었다는 세계를 당신보다 현미경이 더 자세히 알고 있는 거죠? 현미경만도 못한 사람을 제 남편으로 삼을 수는 없답니다. 그럼, 이만 가볼게요. 위대한 세계의 주인님."

마리는 총총걸음으로 그자리를 떠나갔습니다. 분노한 추종자들이 비콩트를 재판에 넘겨 모든 재산을 몰수하고, 결국에 그는 이른 아침 단두대의 이슬로 사라졌습니다. 그가 만들었다던 세계에서 말입니다.

여기서 현미경은 인간의 인식을 의미하고, 비콩트는 정신성을 의미합니다. 이 소설의 내용과 같이 만일 현미경을 통해 우리가 인식한 대상의 최소가 정신성이 규정한 최소보다 더 세밀하면 어떨까요? 이러면 대상은 모순이 됩니다. 한 대상에 두 명의 규정자가 개입되기 때문입니다.

물론 이런 것은 대상으로서 세워질 수 없습니다. 즉 한 구역 속에 정신성이라는 규정자 말고 다른 규정자가 별도로 존재해 정신성이 규정한 것보다 더 세밀한 어떠한 것을 보거나 만들어낼 수는 없는 것입니다. 이것이 의미하는 것은 무엇일까요? 그 어떤 경우에도 해당구역을 규정하는 규정 상태는 반드시 하나여야만 하며, 따라서 인간의 인식 또한 이런 단일한 규정상태 속에 포함된 존재여야만 합니다.

하지만 정신성 속에 포함된 존재이므로 인간의 인식이 정신성의 주체로서 작용할 수 있습니다. 가령 가도가도 끝없는 우주를 발견하고, 끝없이 계속 세밀해지는 원소의 세밀성 등이 계속 발견되는 이유는 그런 상태가 이미 존재하고 있기 때문이 아니라, 인간의 인식이 그러한 경지를 계속해서 만들어나가기 때문입니다.

여기서 말하는 인간의 인식은 정신성 그 자체는 아닙니다. 인간의 인식 또한 정신성에 포함되는 존재일 뿐입니다. 물론 인간의 인식뿐만 아니라 세상의 모든 것이 다 정신성에 포함되지요. 하지만 중요한 점은 어쨌든 인간이 정신성을 직접 다루지는 못하더라도, 인간이 스스로의 의지를 토대로 계속해서 세계의 새로운 경지를 만들어 나갈 수 있다는 것입니다.

자신을 목적지에 데려다주는 것은 차량이지만, 그 차량이 그곳에까지 이르도록 의지를 가지고 조종하는 것은 인간이듯 세계의 규정 그 자체는 정신성이기는 하지만, 그러한 정신성을 이끌고 새로운 경지를 창조하도록 의지를 가지고서 이끄는 역할을 인간 또한 수행할 수 있다는 것입니다.

지금 하는 말에 대한 이해가 쉽게 되지 않을 것이라 생각합니다.

자~ 여러분은 지금 우주여행을 하고 있습니다. 그것도 보통 우주가 아니라 우주의 끝자락을 여행하고 있지요. 자, 이제 여러분은 인류 최대의 수수께끼를 풀어낼 기회에 직면했습니다. 바로 우주 밖에 무엇이 있는가 하는 것이지요. 너무 긴장하시지 마세요. 긴장 안 하고 계시다구요? 오우 그러면 안 될 텐데…. 우주 밖에 뭐가 있을지 알고 긴장을 안 하시나요? 하하….

자, 이제 드디어 우주 끝자락에 도달했습니다. 뚫고 지나쳐볼까요? 어어… 그런데 이상한 곳으로 와버렸는데요, 칠흑같이 어둡고, 아무 소리도 안 나는 적막한 세계인데요? 이게 그 말로만 듣던 무의 세계인가 보군요. 우주밖에 무의 세계가 무한이 이어져 있다는 게 정말이었군요. 와~ 여러분. 저희는 지금 역사에 길이 남을 거대한 발견을 한 겁니다. 이 짧은 한순간 한순간을 실컷 만끽해두세요. 이 짤막한 순간이 수많은 역사서와 과학서에 길이길이 기록될 테니까요.

실은 우주 밖에 무한한 무의 세계가 있어서가 아니라, 인간의 인식이 정신성을 매개로 해 세계를 계속해서 확장해나가기 때문에 이런 것이 가능한 것입니다. 다시 말해 우주 밖의 세계, 원소의 미세한 경지 등은 이미 그런 것이 있어서 발견되는 것이 아니라, 인간의 인식을 통한 정신성의 확장으로써 창조된 것입니다.

물론 이렇게 생각할 수도 있습니다. "우리는 계속해서 너 넓은 곳과, 더 세밀한 곳을 발견해낼 수 있지만, 그러한 더 넓은 곳과 더 세밀한 곳은 이미 세계 스스로가 만들어놓은 거대하고 오밀조밀한 세계 중 일부에 지나지 않는다. 따라서 우리를 통해 세계가 확장된다고 볼 수 없다. 그 이유는 우리가 고작 세계 정보의 극히 일부분만을 보았을 가능성을 배제할 수 없기 때문이다. 따라서 우리의 인식을 통해 세계가 확장되어나간다는 것은 억지다"라고 말이지요.

하지만 여기서 내가 말하는 세계의 확장이란 인간의 인식 수준이 세계의 정신성이 이미 만들어둔 상태와 동등할 때일 때의 이야기입니다. 인간의 인식보다 더 넓고 세밀한 어떠한 경지를 세계의 정신성이 이미 만들어 놓았다면, 당연히 그것은 세계의 확장이 아닌 답습과 관찰에 지나지 않는 것이지요. 인간의 인식범주가 세계가 규정한 최소·최대치와 일치하는 경우, 그곳에서 더 넓고 더 세밀한 경지를 만들어갈 수 있는 것입니다. 인간의 인식은 정신성에 포함되어 있으며, 따라서 인간 또한 정신성의 주체로서 세계를 확장해나갑니다.

정리하겠습니다. 우주가 넓혀지거나 세밀화될 수 있음은 넓혀짐을 당하는 기존의 공간과 존재가 있기 때문이 아니라, 세계의 정신성, 그리고 창조성에 의해 창조되기 때문입니다. 다시 말해 우주 밖으로 가도 가도 끝이 없는 이유, 그리고 원소가 끊임없이 세밀해질 수 있는 이유는 그것을 가능케 해주는 무한한 공간과 세밀함이 존재하고 있어서가 아니라, 정신성을 매개로 한 우리가 계속해서 그것을 넓혀나가고, 또한 세밀하게 창조해나가기 때문입니다. 즉 우주, 더 나아가 이 세계는 우리가 넓힐 수도 있는 것입니다. 이것을 나는 칸트적 전회라 일컫겠습니다.

자, 이제까지 정신성의 세 가지 범주적 특성에 대해 살펴보았습니다. 정리하자면,

첫째, 세계의 최소를 정하는 존재로서의 정신성

둘째, 세계에 질서와 조화를 부여하는 존재로서의 정신성

셋째, 세계의 최대를 정하는 존재로서의 정신성

그렇다면 위 세 가지를 모두 합쳐봅시다. '있음의 최소부터 최대까지 모두 관여해 그것이 그러하도록 규정해주고, 그러한 것을 지속적으로 규칙적이고 조화롭게 반복하게 해주는 가장 전체적이고 정신적인 속성' 이 곧 정신성의 범주적 특성입니다.

이로써 정신성이 전 세계에 자신을 드러내고 있음을 증명했습니다. 이제 이러한 정신성이 가지는 속성적인 특징들에 대해 더욱 자세히 살펴보도록 하지요. 속성적인 특징이라고는 하지만, 존재하는 것은 모두 '있음'의 범주에 묶여 있을 수밖에 없는 존재의 특성상 정신성이건 정신성의 속성적인 특성이건 모두 다 같은 것이라 볼 수 있습니다. 그러니 정신성과 정신성의 특징 등등의 개념을 따로 떼어내 이해하시지 말고, 뭉뚱그려 하나로써 이해해주시면 될 것입니다. '있음' 이라는 하나의 범주로서 말이지요.

속성적인 특징으로 넘어가기 전에 '없음'에 대해 다시 다루고자 합니다. 이렇게 단 하나의 정신성에 의해 규정되고, 지탱되고 있는 세계의 입장에서는 '없음'이라는 말장난은 통하지 않습니다. 정신성의 범주가 존재의 모든 범주와 일치하기 때문이지요. 이는 정신성이 절대존재이기에 가능한 것입니다. 대타존재인 우리는 항상 우리 밖에 놓인 무엇인가를 봐야만 하고, 따라서 우리 그 자체만으로 대상을 규정할 수는 없고, 혹시나 있을지도 모를 미지의 어떠한 것을 신경 쓰지 않으면 안 됩니다.

하지만 정신성은 존재하는 모든 것을 규정하므로 그 바깥에 놓인 '없음' 따위는 신경 쓰지 않아도 되는 것이지요. 세계를 규정하는 정신성이 보기에는 '없음'이란 정말 아무것도 없는 상태이지만(그 자체가 유일한 하나의 '있음'이기에), 대타존재인 인간에게는 항상 밖 넘어 밖에 해당하는 어떤 것이 관찰되므로, 존재 바깥의 어떠한 것을 계속 상정해나갈 수밖에 없는 것입니다.

즉 이것은 인간이 가지는 인식적 한계에서 초래되는 문제입니다. 존재의 총합인 절대적인 정신성의 입장에서 보자면, 존재 너머엔 그 어떤 것도 없음이 가능하지만, 대타존재인 인간의 입장에서는 계속해서 넓혀나갈 수 있는 세계의 모습들을 토대로 항상 세계 너머 다른 어떤 존재를 상상하게 되는 것입니다. 인간은 세계의 모든 존재를 인식할 수는 없으므로 세계 너머 세계에 대한 무한한 상상을 품을 수밖에 없습니다.

이것은 인간과 정신성 간에 놓인 궁극적인 인식 차이로 인해 빚어지는 사태이며, 인간이라는 대타존재의 한계를 드러내는 대목입니다. 뻔히 없는 게 분명한데, 혹시 있을지도 모른다는 상상에 빠지게 되는 것이지요. 존재의 총합 바깥에는 당연히 다른 존재는 있을 수 없고, 그 다른 존재에 해당하는 '비존재' 따위는 언급할 필요도 없으므로, 따라서 정신성이 통치하는 세계에서는 '없음'과 같은 말장난은 존재할 수 없습니다.

라-5 정신성의 첫 번째 속성적 특징 - 창조

자~ 앞서 세계는 계속해서 확장될 수 있다고 말했습니다. 그렇다면 여기서 세계가 확장된다는 말은 무엇을 의미하는 것일까요? 그것은 지금 당장은 최소/최대라는 한계를 가지고 있는 것이 계속해서 창조되어 나간다는 것을 의미합니다. 바로 이 대목에서 정신성의 첫 번째 속성적 특징인 창조가 드러납니다. 세계는 창조로써 이루어져 있고, 이러한 창조 때문에 이제껏 세계가 무한하다고 착각해왔습니다. 가도가도 계속 나오는 어떤 경지를 보며, 이미 실현된 무한한 세계가 그곳에 있다고 착각해왔던 것이지요. 이제 이러한 창조에 대해 자세히 알아보도록 합시다.

만일 이 세계가 창조 없는 곳이었다면, 더욱 세밀한 경지를 보는 것도, 더욱 넓은 경지를 보는 것도 불가능했을 것이고, 오로지 한정된 대상과 경우의 수로만 구성된 세계의 형태를 가졌을 것입니다. 마치 니체Friedrich Wilhelm Nietzsche, 1844~1900철학에서의 동일자의 영원회귀die ewige Widerkehr와 같은 세계처럼 말이지요. 동일자의 영원회귀는 니체철학을 관통하는 핵심 키워드이며 세계의 유한성을 드러내는 개념입니다.

세계는 동일한 개수의 원소로 구성되어 있으므로 그것들이 만들어 낼 수 있는 가짓수 또한 유한할 수밖에 없고, 그러므로 그 간극이 제아무리 크더라도 동일한 사건은 긴 시간이 지난 후에 똑같이 반복될 수밖에 없는 가능성을 가지고 있다고 보는 것이 동일자의 영원회귀입니다. 가령 특정구역이 원소 100개로서 구성된다고 했을 때, 그것으로 만들어내는 조합의 가짓수가 제아무리 많아 봤자 결국 한정적임은 누구라도 시인할 수밖에 없습니다.

원소 1과 2를 합치든, 1과 2와 3을 합치든, 1부터 100을 모두 합치든 결국 그것으로써 만들어낼 수 있는 조합 수에는 한계가 있을 수밖에 없지요. 이렇듯 세계 또한, 원소의 가짓수만 훨씬 많을 뿐, 결국 그것들로 만들어낼 수 있는 가짓수는 똑같이 한정적이므로 같은 현상이 언젠가는 반복될 수밖에 없는 것입니다. 가령 60년 전에 있었던 제2차 세계대전과 홀로코스트 사건, 그리고 히틀러라는 존재를 구성했던 원소 구성과 똑같은 원소 구성이 수많은 시간이 흐른 후에 똑같이 이루어질 가능성을 여전히 가지고 있는 셈입니다.

세계의 구성 가짓수에는 한계가 있기 때문에 말이지요. 이러한 니체의 철학대로라면 세계와 인간은 영원의 굴레에 놓일 수밖에 없습니다. 좋은 일이든 나쁜 일이든 끝없이 반복될 뿐이죠. 즉 운명의 수레바퀴를 벗어날 수 없는 것입니다. 이것이 니체철학의 핵심이며, 허무주의를 낳게 되는 원인이지요. 니체는 이러한 허무를 극복하고자 그나마 선택할 수 있는 최선의 인간향으로서 위버멘쉬를 꼽았지만, 그 위버멘 쉬 또한 허무의 세계를 벗어날 수는 없는 존재입니다. 결국 니체와 니 체철학 앞에 주어진 것은 끝없는 허무뿐이며 다른 것은 없습니다.

하지만 이러한 니체식의 세계는 세계의 창조 앞에서 얘기가 좀 달 라집니다. 더욱더 넓은 세계는 계속해서 창조될 수 있고(창조되는 데 방 해되도록 막아서는 존재^{가령 '없음' 등}는 존재하지 않으므로 창조는 마음껏 이루어 질 수 있습니다. 물론 세계의 의지가 더 이상 확장되는 것을 막는다면 별수없 겠지만 말이지요), 더욱더 세밀한 경지 또한 창조되고, 그로써 관찰될 수 있지요. 누누이 말하지만, 이는 무한한 세계가 실존하고 있기 때문이 아닌, 순간순간 세계가 창조되고 있음으로 인해서입니다.

만일 세계가 창조 없는 곳이었다면, 정해진 것 외에 그 어떤 것도 관찰할 수 없는, 한정된 대상과 경우의 수로만 구성된 제한된 세계였을 것입니다. 마치 PC게임 속의 제한된 세계관과 같이 말이지요.

그렇다면 왜 창조가 있을 수밖에 없는 것일까요? 그것은 창조 이 외에 세계가 세밀해질 수 있는 유일한 가능성은 세계가 무한의 상태에 놓이는 수밖에 없기 때문이지요. 이것은 존재는 지금 당장 정해진 한계 를 가지고 있는 것처럼 보이지만, 실은 무한히 세밀해질 가능성을 내포 하고 있는 경우입니다. 무한히 세밀해짐이 가능하다는 것은 이미 그 자 체에 무한을 가지고 있다는 것을 증명하는 셈이기 때문입니다. 가령 충 격에 의해 원소의 어느 정도까지 더욱 세밀해질 수 있음은 그 세밀함을 가능케 해주는 원본의 세밀한 경지가 있어야만 하고, 그것은 곧 무한성이 존재하고 있음을 의미합니다. 다음 그림처럼 말이지요. 이것은 앞서 '얀센의 모순' 소설을 통해 이미 언급했던 내용입니다.

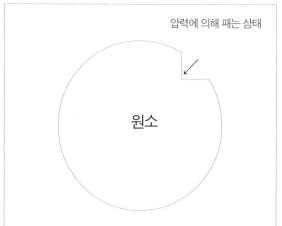

압력에 의해 패는 상태

원소

압력에 의해 패는 대상. 이 대상이 더욱 세밀해지려면, 그것을 가능케 해주는 원본의 세밀한 경지가 있어야만 하고, 그것은 곧 무한성이 존재하고 있음을 의미한다.

즉 그림처럼 어떤 힘에 의해 패는 것이 가능하기 위해서는 원재질에 무한한 자유성이 이미 내포되어 있어야만 합니다. 더 이상 세밀할 수 없도록 제한된 대상에서는 더욱 세밀해지는 것이 아주 불가능합니다. 고로 원소의 면·색의 농도·상태 등이 앞으로도 무한히 세밀해질 수 있다는 말은 그것을 가능하게끔 해주는 무한대의 자유성이 이미 대상에 있어야 한다는 뜻이고, 그것은 무한을 의미하므로 구체라는 틀 속에 있어야 하는 세계의 것들과는 모순이 되므로, 결코 존재로서 성립될 수가 없습니다.

정신성이 규정지을 수 있는 것에 한계가 없다는 말은 이미 그 속에 무한을 함축하고 있다는 말이 결코 아닙니다. 정신성은 지금 당장 그것을 그러하게끔 규정하고 있는 존재입니다. 즉 앞으로 더욱 세밀해질 수 있는 경지는 지금 당장은 정신성이 규정하고 있지 않은 것, 즉 실재하지 않는 것입니다. 다시 말해 규정함과 규정됨이 일치할 수밖에 없는 '있음'의 특성상 '지금은 없지만 앞으로 있을 무한히 세밀해짐을 함축하고 있는 무한한 존재' 즉 과학적 세계의 '물질'이 가지는 이러한 모순은 적용되지 않는 것이지요.

지금 규정되어 존재한다는 것은 규정된 그만큼만 그 자체로 존재하는 것이지, 거기에 앞으로 있을 무한성이 이미 내포된 것은 아닙니다. 다시 말해 미래의 세밀화 되고 확장될 세계와 경지는 앞으로 차차 만들어질 것이지, 지금 당장은 존재하고 있지는 않는 것입니다. 그러한 것은 존재하지 않는 것이지요.

조금 어렵나요? 예로써 이해를 돕도록 하지요. 누군가가 당신에게 무한대를 세어보라고 했습니다. 당신은 1부터 차례대로 세어나갔지요. 하지만 무한대는 그 누구도 셀 수 없고, 당신은 항상 유한수를 셀 수밖에 없겠지요. 비록 유한수이기는 하지만 당신은 수를 계속해서 세어 나갈 수 있고, 세어나가는 만큼 숫자는 창조되는 것임은 당연하겠지요?

존재는 이런 것입니다. 무한대는 존재할 수도 없고, 당신이 숫자를 읊듯 정신성이 현재 상태를 규정하고 있습니다. 하지만 그것은 고정된 유한의 상태가 아닌, 계속해서 확장되어 나가는 확장의 상태이지요.

이것이 세계를 규정하는 정신성의 모습입니다.

그렇다면 여기서 문제. 세계가 그러하게 세밀해질 수 있고, 확장될 수 있음은 무엇으로 인함일까요? 당연히 창조로 인함이지요. '없는 구역'에서 '있음'을 만들고, 계속해서 세밀해질 수 있음은 기존에 무한을 지니고 있기 때문이 아니라, 계속해서 창조되기 때문입니다. 이러한 창조는 세계의 설명에 있어 빠질 수 없습니다. 규정함은 창조를 수반할 수밖에 없기 때문이지요. 여기서의 창조는, 이미 주어진 무한한 공간이라는 재료를 단순히 가다듬는 걸 의미하는 게 아닙니다. 완전히 새로운 것을 만드는 것이지요, 이것을 그림으로 표현하자면 다음과 같습니다.

1번(이미 주어진 세계 속에서 진행되는 창조.)

☐ : 이미 주어진 세계

☐ : 이미 주어진 세계 속의 어떤 것

☐ : 이미 주어진 세계 속의 어떤

것에서 창조된 것

2번(완전히 새로운 창조)

☐ : 이미 주어진 세계

☐ : 이미 주어진 세계에서 창조된

것

1번 그림과 같이 이미 존재하는 구역에서 어떠한 상태를 만드는 것은 창조가 아닙니다. 단지 변형일 뿐이지요. 2번 그림과 같이 아무것도 없는 상태에서 현존재를 확장해 채워넣는 것, 이것이 바로 진정한 의미의 창조입니다. 즉 '없음'에서 '있음'을 만들고, 계속해서 세밀해질 수 있는 경지가 만들어 질 수 있는 것은 기존에 무한을 지니고 있기 때문이 아니라 계속해서 새로운 경지가 창조되기 때문입니다. 창조는 이렇듯이 세계에 지속적인 다양성을 부여함으로써 제한된 세계관에서 이 세계를 구하는 역할을 하고 있습니다.

하지만 이런 식이라 해도 니체의 허무주의가 극복될 수는 없습니다. 세계가 아무리 새로이 창조된다 해도 개개인에게 받아들여지는 존재로서의 운명이란 세계가 좀 더 세밀하고 하지 않고 간에 별 상관 없기 때문입니다. 가령 단두대에 올라가는 사람에게 있어 세계가 좀 더 세밀하고 말고의 문제가 무슨 의미가 있겠습니까? 물론 이것은 실존적인 측면에서의 의미입니다. 니체철학 자체가 실존철학이듯이 말이지요. 이 책에서 저는 오로지 형이상학, 그중에서도 세계만을 다룰 것이고, 실존적인 측면은 다른 저서에서 다룰 예정입니다. 따라서 여기서 짚고 넘어가고자 하는 니체철학의 부분은 실존적인 부분이 아닌 형이상학적인 부분임을 알아주셨으면 합니다.

어쨌든 정리하겠습니다. 세계가 계속해서 세밀해지고 확장될 수 있는 이유는 이미 무한이 주어져 있기 때문이 아니라, 정신성에 의해 새로운 경지로 확장되기 때문이고, 이는 창조로 말미암은 것입니다. 창조 없는 세계는 니체의 세계같이 제한된 세계이며, 이것은 존재로서 성립될 수 없습니다. 따라서 창조는 반드시 존재할 수밖에 없는 정신성의 근본적인 특징이라 할 수 있겠습니다. 세계는 같은 대상만 가지고 영원히 지속하는 변화 없는 불모지에 그치는 것이 아닌, 계속해서 새로이 창조되어 나감으로써 그 변화의 가짓수를 계속해서 늘려나갈 수 있다는 점에서, 그리고 인간 또한 그러한 세계 창조 주체의 자격을 가진 존재라는 점에서 창조와 인간이 가지는 각각과 서로간의 관계에 대한 가치는 매우 큽니다.

라-6 정신성의 두 번째 속성적 특징 - 인식

이것은 아주 당연한 얘기입니다. '있음'을 규정하려면 그 '있음'에 대한 인식, 즉 앎이 전제되어야만 합니다. 무언가를 마음대로 바꾸고 규정한다는 것은 바꾸고 규정하는 대상에 대한 완벽한 인식 없이는 불가능하기 때문이지요. 정신성은 세계 모든 곳을 규정하는 존재이고, 따라서 그러한 영향력을 끼치려면 세계의 모든 곳을 알아야만 하므로 정신성은 이 세계 모든 곳을 인식할 수밖에 없습니다.

정신성의 인식 바깥에 존재하는 대상은 있을 수 없습니다. 그 대상은 무한이라는 모순에 놓일 수밖에 없기 때문입니다. 존재하는 것은 모두 정신성에 의해 인식되어야만 하며, 따라서 존재는 모두 정신성의 지식 속에 있는 셈입니다. 태어날 때부터 장님인 사람이 어찌 렘브란트의 그림을 알 수 있을 것이며, 또한 그것과 똑같이 그려낼 수 있

태생적으로 장님인 사람이, 이것과 비슷한 그림을 그려낼 수 있겠는가?

이제 정리해보도록 하지요. 전 세계에 있어 정신성의 인식적 특징은, 창조와 더불어 정신성의 가장 기본적인 속성적 특징이고, 범속성적인 특징이라고 할 수 있겠습니다.

라-7 정신성의 속성적 특징에 대한 정리

자~~ 이제껏 정신성의 특징들을 살펴보았습니다. 창조성을 가지고서 세계 전체를 인식하는 것을 정신성의 특징이라 볼 수 있는데, 이러한 정신성이 세계의 가장 근본적인 속성이라는 것에 대해선 반론을 달 수 없습니다. 가령 라이프니츠^{Gottfried Wilhelm von Leibniz, 1646~1716}의 예정조화설을 봅시다. 모나드로 구성된 현상세계의 모든 것이 절대적 존재에게 어떠한 정보를 받아 그대로 움직여나갈 뿐이라고 보는 라이프니츠의 그런 철학적 입장에서 보면, '있음'을 그렇게 같은 형태로 있게 해주고 그것이 반복되게 해주며 그것이 스스로의 세밀함에 한계를 긋게 해주는 등의 행위는, 그렇게 해주는 정신성의 주관에 의해서가 아니라 창이 없는 모나드 각각이 신에게 선사받은 정보를 펼침으로 인함입니다.

이런 예정조화설과 같은 입장에서 세계를 그러하게끔 한 원인이 되는 어떠한 절대자가 실존한다고 해도, 그 절대자를 규정하는 것 또한 정신성이고 절대자에 의해 부여받은 이 세계를 다스리는 것 또한 정신성이 됩니다. 게다가 이 두 개의 정신성은 서로 간에 공통의 규정성을 가지고 있어야만 하지요. 그렇지 않다면 그 두 개가 합쳐질 경우, 대상이 되는 존재는 모순의 상태에 놓일 수밖에 없기 때문입니다.

이런 입장에서 생각해보자면, 가령 세계를 그러하게끔 한 원인이 되는 어떠한 절대자가 실존한다고 해도 그 절대자와 이 현상세계는 정신성, 그리고 그 정신성을 가로지르는 공통의 규정성을 가질 수밖에 없습니다. 현상 세계 그 무엇에도 정신성이 결여될 수 없고, 절대자의 모든 곳에도 정신성이 깃들지 않을 수 없습니다. 즉 정신성과 공통의 규정성은 절대자에 선행하는 존재로서 오히려 절대자 그 자체보다 더 큰 중요도를 가지는 존재라 볼 수 있습니다.

절대자는 자신의 이미 주어진 창조적인 능력을 활용하는 제2차적 존재이고, 정신성은 그러한 절대자의 창조적인 능력을 가능케 하는 제1차적 존재이기 때문입니다. 물론 존재하는 것은 그 무엇도 정신성, 그리고 공간과 나누어 생각할 수 없으므로, 절대자·정신성의 범주가 성립하지만, 어쨌든 그 나눌 수 없는 것을 억지로 나누어 생각해보자면 그렇다는 겁니다.

여기까지 오셨으면 내가 강조하고자 하는 바가 무엇인지 눈치 채셨으리라 생각합니다. 그것은 비로 정신성이란 신의 존재·혼돈 등과 관계없이 세계 전체를 아우르는 하나의 근본적·보편적 속성이라는 것입니다. 그 무엇도 정신성으로부터 초월해 있을 수 없습니다. 정신성은 늘 있는 것이며, 다른 원인가령 절대자 등에 의존하지 않는 존재입니다. 오히려 신절대자에 선행하는 존재이며, 신보다 우월한 존재입니다. (누누이 강조하지만, 존재는 분명 분리될 수 없음이 분명하고 그것을 억지로 절대자와 정신성으로 나누자면 그렇다는 것입니다) 신은 창조자에 불과하지만, 정신성은 그러한 신마저 포함한 '세계 전체' 그 자체이기 때문입니다. 정신성은 현상세계 · 초월세계 · 절대자 등 모두에 선행하는 가장 근본적인 속성입니다.

라-8 세계의 실체

이제껏 물질적 속성뿐만이 아닌 범속성으로서의 공간 · 정신성 등등의 속성에 대해서도 살펴보았습니다. 물론 이런 속성들 외에 아직 밝혀내지 못한^{하지만 무한하지는 않은 개수의}, 혹은 인간으로서는 영영 밝혀낼 수 없는^{하지만 무한하지는 않은 개수의} 속성들이 얼마든지 더 있을 수 있겠지만, 물론 그런 것들은 제외하고서 사변과 관찰로써 얻어낸 결과물들은 대략 이 정도입니다.

지금까지의 내용을 한번 읽고 이해하셨다면, 당신 스스로를 보통 이상의 이해력을 가지신 분이라 생각하셔도 괜찮을 것입니다. 물론 그렇다고 아주 대단한 이해력을 가졌고 착각하셔서는 안 됩니다. (물론 아주 대단한 이해력을 가지신 분이 이 책을 한 번에 이해하셨다면 그분은 여전히 아주 대단한 이해력을 가지신 분임엔 분명하겠지만) 이 책은 다른 철학서에 비해 상대적으로 쉬우니까 말이지요.

어쨌든 이제 세계의 실체에 대해 알아봅시다. 철학 용어인 '실체'

는 '그 자체가 원인이며, 다른 것에 의존하지 않는 근본적인 존재'를 일컫는 것입니다. 한국어에서는 상당히 관용적으로 쓰이는 단어가 실체인데, 그러한 포괄적인 단어로서의 실체는 잠시 잊기로 합시다. 어쨌든 세계의 실체는 무엇일까요? 가령 아낙시만드로스^{Anaximandros, 기원전 610~546}가 말한 토 아페이론^{to apeiron}, 라이프니츠가 말한 모나드^{Monad}와 같은 세계의 실체는 무엇일까요? 수없이 많은 시간이 흐르는 동안 철학자들이 내놓은 실체의 개수는 그 수없이 많은 시간만큼이나 많았고, 저도 그중하나를 더 얹겠습니다.

　이제껏 이 철학서를 잘 이해하며 읽어 오신 분이라면, 제가 말할 실체가 어떤 것인지 대충 감이 잡히시리라 생각됩니다. 세계의 모든 것은 분리될 수 없으므로, 세계의 유일 실체는 합쳐진 '있음' 그 자체입니다. '있음' 외에 그 어떤 속성도 독자적으로 독립해 있을 수 없습니다.

　공간과 정신성으로부터 분리된 '물'은 존재할 수 없고, 역시 '물'로부터 분리된 공간과 정신성 또한 있을 수 없듯이 말이지요. 지금껏 밝혀낸 속성이든, 앞으로 밝혀낼 속성이든 혹은 영영 밝힐 수 없는 속성이든 그 어떤 속성이든 범속성인 공간, 정신성에 묶여 있는 형태일 수밖에 없고, 따라서 이 모든 것이 합쳐진 단 하나의 상태인 '있음' 그것만이 유일한 실체가 될 수 있습니다. 존재로부터 벗어나 거창하게 존재하는 토 아페이론과 같은 것들은 실체가 될 수 없습니다.

　비단 공간·정신성·물질뿐만이 아니라 '있음'에 속해 있는 모든 것이 이러한 범속성 속에 포함된 것이고, 범속성 또한 이런 '있음'

속에 몽땅 포함되어 있다는 것입니다. 즉 세계의 모든 속성은 '있음'이라는 단일 실체에 합일되는 것이고, 이렇듯 존재는 하나이며, 물자체 등으로 구분할 만한 또 다른 어떠한 근본자, 실체는 존재할 수 없습니다.

라-9 유물과 관념의 통합

이제껏 세계를 규정하는 규정자로서의 정신성의 입장에서 유물^{물질}을 비판해왔지만, 그렇다고 관념^{개념}을 옹호하지는 않습니다. 전후 관계에 따라서 가령 헤겔의 입장과 같이 세계에 드러난 모든 자연 이전에 정신이 있고, 자연은 그 정신의 자기외화로 인한 것이라면 자연 이전에 정신이라는 단일 존재가 있어야만 한다는 말이 됩니다.

하지만 어쨌든 그 '정신' 또한 '물'을 포함할 수밖에 없는 존재이므로 물질 없이 '규정함' '개념' 그 자체만을 가지고 있을 수는 없습니다. 은폐된 존재·추상적 존재는 결코 존재로서 성립될 수 없습니다. 존재는 모두 구체를 지닐 수밖에 없으며, 따라서 은폐된 존재·추상적 존재는 존재할 수 없기 때문입니다. 다시 반복하자면 존재는 모두 구체를 지녀야만 하며, 구체를 지님은 곧 '물'을 지닌다는 것을 의미합니다.

물론 그렇다고 해서 '물' 그 자체만이 존재할 수는 없습니다. '물'을 '물'로서 지탱해주는 규정자, 즉 정신성이 없다면 그것은 무한의 모순에 놓이게 되므로 존재로서 성립할 수 없게 되기 때문이지요. 따라서 정신성과 물질은 서로 간에 분리될 수 없는 것이며, 그것을 통합한 유일한 실체인 '있음' 그 자체만이 존재로서 성립할 수 있습니다.

세계가 이성적으로 흘러가는지 아닌지는 세계의 양태에 관한 문제이지, 존재 그 자체에 관한 문제는 아닙니다. 양태에 관한 견해에는 다양한 것들이 존재할 수 있고, 그중 단 하나를 전체로서 세워낼 수는 없습니다. 내가 통합하고자 하는 것은 존재론적인 유물과 관념이며, 그것의 양태에 관한 것은 별도의 문제입니다.

어쨌든 이러한 입장에서 보자면, 세계에서는 유물·관념 중 어느 하나만 성립할 수는 없습니다. 규정하는 주체인 정신성과 규정되는 대상인 '물'이 반드시 일치해야만 합니다. 따라서 유물·관념 한쪽의 입장에서 세계를 이해하는 것은 옳지 않고, 그러므로 유물과 관념은 통합되어야만 하며, 이를 통합한 '있음'만이 세계에 존재하는 것이라 볼 수 있습니다.

라-10 종합

많은 것이 쏜살같이 지나가 버렸군요. 어쨌든 이제껏 벌여놓았던 것들을 모두 모두 모아 정리해봅시다. 제1장, 제2장 범주 내의 내용을 싹 긁어모아서요. 다시 말해 이 철학서의 주된 내용을 모두 종합한다는 뜻입니다.

'지금'의 연속인 '세계'에는 단 한순간도 무한이란 존재할 수 없고, 따라서 그러한 세계를 세계로서 지탱하고 있는 정신성이 존재해야만 합니다. 지탱한다는 것은 세 가지를 의미하는데, 세계의 최소를 정하는 것, 최대를 정하는 것, 그리고 세계에 질서를 부여하는 것입니다.

이러한 세계의 정신성은 다음과 같은 속성적 특징을 가집니다.

첫째, 창조성을 가진다는 것

창조가 없는 세계는 한정된 경우의 수를 지니고, 더는 세밀화할 수 없는 최소/최대를 가지게 되는 모순이 있으므로 창조는 부정될 수 없습니다.

둘째, 세계 전체를 인식한다는 점

인식 없이 대상을 지탱하고 규정할 수는 없습니다. 태생적으로 눈이 안 보이는 사람이 캔버스에 렘브란트의 유화작품과 거의 비슷한 작품을 그려낼 수는 없듯이 말이지요.

이렇게 세계 모두를 규정하는 정신성은 '큐브의 틈 문제'로 말미암아 분리되어 존재한다고 보기 어려우며, 만일 우연으로써 빈틈없이 꽉 붙어 있다면 그것은 그것끼리 꽉 붙어 있게 합쳐준, 더욱 큰 규정자가 있음을 부정할 수 없게 됩니다. 결국 이 경우도 세계가 유일 정신성에 의해 규정되고 있음에 대한 증명이 됩니다.

만일 정신성끼리 겹친 형태로 존재한다고 쳐도 그 정신성 모두를 가로지르는 '공통의 규정성'은 포함될 수밖에 없습니다. 사전에 존재하는 '공통의 규정성'이 없다면, 변화를 통해 규정자끼리 만났을 때 대상은 모순에 빠지기 때문입니다. 이러한 공통의 규정성은 더 조그마한 정신성을 포함해야 하고, 결국 더 작은 정신성은 제거되게 되므로, 가장 거대한 하나의 정신성인, 공통의 규정성만이 남게 됩니다. 고로 세계를 구성하는 정신성은 오직 하나인 셈입니다.

또한 이러한 정신성은 규정되는 대상과 특징이 분리될 수 없습니다. 구체가 아닌 것은 존재가 될 수 없으므로, 개념과 물질로 분리되는 순간 그것은 존재가 될 수 없기 때문입니다. 모든 속성과 특징은 모두 통합되는 것이며(쉽게 말해 정신성 = 인식 + 창조 + 최소를 정함 + 최대를 정함 + 조화롭게 해줌 = 공간 = '있음') 동시에 존재하는 것입니다.

가령 창조와 인식의 과정이 떨어질 수 없는 것 등이 그러한 것이지요. 따라서 정신성, 그리고 그 성신성에 의해 규정되는 물질, 그리고 공간 등은 서로 간에 떨어질 수 없는 단일한 것으로서 이루어진 세계 유일의 실체인 것입니다. 인간은 이러한 세계 유일의 실체인 '있음'에 포함된 존재로서 세계와의 매개를 통해 세계를 확장해나갈 수 있는 능력을 갖추고 있습니다.

이 책에 대한 요약은 여기까지입니다. 복잡하다구요? 아니, 이래서 더 복잡하다구요? 그렇다면 어쩔 수 없죠. 가장 간단한 한 문장으로 줄일 수밖에….

"세계는 '있음'이라는 단일 주체로 말미암아 지탱되는 하나의 사실이다."

더 줄이라구요? 그렇다면 다음과 같이….

"세계는 하나이다."

제3장

패러다임 바꾸기

혁명이 끝나고 새 나라가 열렸다.

하지만 새 나라를 오래된 헌법으로,

국민들을 오래된 악습으로

다스리는 자 있으니

그는 폭군이요,

비열한 군주이다.

이 폭군에 저항해 다시 혁명을 하리라

새 나라를 새 헌법으로 다스릴 때까지

마-1 새로운 세계

이 단원은 기존에 가지고 있었던 패러다임 중 몇 가지를 새로 정
립하고자 하는 목적을 지닌 단원입니다. 물론 이것은 지금껏 살펴보았
던 세계의 특징들을 기반으로 한 재정립이며, 이는 기존에 우리가 지니
고 있던 잘못된 개념을 바로잡자는 의미입니다.

본격적으로 개념 바로잡기에 들어가기 앞서 그렇다면 '개념' 이란
무엇일까요? 개념은 인간이 규정한 자의적인 규칙을 실존하는 그 어떤
것으로 간주하는 상태를 의미합니다. 그렇다면 개념이란 인간이 규정
했기에 모두 거짓인가요? 그것은 아닙니다. 가령 모습은 다르더라도
의자라는 개념으로서 받아들여질 수 있는 어떠한 것은 존재하기 때문
이지요.

아이가 토끼를 보며 느꼈을 호기심은 정형화된 어른의 호기심보다 입체적이고 풍부했으리….

물론 이런 의자들의 모든 뭉치 속에서 공통으로 뽑아낼 수 있는 개념이란 실존하는가, 아니면 그런 개념을 뽑아냈다 처도 그 개념이라는 존재가 존재로서 성립될 수 있는가 하는 등의 대한 논의는 많은 시대와 철학자들에 의해 충분히 논의된 바이니, 여기에 대해 제가 할 말은 없을 듯합니다.

다만 이러한 개념 중 그 어떤 방식으로 세계에 실존할 수 없음에도(가령 의자라는 개념은, 의자에 해당한다고 간주되는 구체적인 어떠한 것들이 있기라도 합니다만, 그런 구체적인 어떠한 것들이 전혀 없음에도 가상적으로 하나의 개념을 만들어 낸 것을 의미합니다), 실존하는 것으로 받아들여지는 것들이 꽤 있습니다. 가장 대표적인 예로, '무한' '없음' 을 들 수 있고, 그 둘에 대해서는 앞서 충분히 설명했습니다.

'개념' 자체는 나쁠 것이 없으나, 무한과 같이 실존하지 않는 개념을 마치 실존하는 참된 것으로서 당연하게 받아들이는 태도는 분명 잘못된 것입니다. 이것은 세계의 진리를 찾아가는 과정에 있어 치명적인 독이며 비수입니다. 이제 무한을 제외한 개념 중에서 앞서 설명하지는 않은, 하지만 중요한 것들 몇 개를 짚고 넘어가고자 합니다. 실존하지 않는 모든 개념에 대해 다 다룰 수는 없으므로, 가장 중요한 몇 개의 개념만 짚고 넘어가고자 합니다.

이 책 서두에서 밝혔듯이 모순은 인간이 만들어낸 굉장히 오래되고 잘못된 규칙이자 산물입니다. 모순은 성질에 따라 두 가지로 나누어 생각해볼 수 있습니다. 첫 번째는 경험에 근거한 모순이고, 두 번째는 추상에 근거한 모순입니다.

먼저 경험에 근거한 모순부터 파헤쳐봅시다. 이것은 인간의 경험을 통해 얻어낸 지식 두 개가 서로 상충함에도, 그 상충하는 지식이 한곳에 동시에 존재하고 있는 그러한 경우입니다. 가령 실사 사진이 한 장 있고, 그 사진엔 다음과 같은 장면이 있다고 해봅시다. 비와 바람이 잔뜩 퍼부어대는 폭풍우 속에서 비에 젖지도 않고 바람에 머리칼 하나 날리지 않는 한 남자가 걸어가는 풍경이 그것인데, 비바람에 접촉하는 이상 반드시 비에 젖고 바람에 머리칼이 날려야 한다고 믿는, 그래서 지금 보는 상황을 모순이라고 생각하는 것이 바로 경험에 근거한 모순입니다.

하지만 그 남자는 다른 경로를 통해 비에 젖지도, 바람에 머리칼이 날리지도 않을 수 있었을지 모릅니다. 가령 예를 들어 예수같이 초인적인 능력을 소유해서 폭풍우의 비바람 속에서도 멀쩡할 수 있는 경우의 수도 있지요. 그렇다면 이런 오류는 왜 생기는 것일까요? 이것은 인간 경험의 한계로 말미암아 빚어지는 귀납법적인 오류에 의한 것이며, 이 경우 실제로 모순이 존재하고 있는 것이 아니라, 우리가 이제껏 모순된 것이라고 믿었던 사실들 중 한 쌍이 잘못된 것임을 의미합니다.

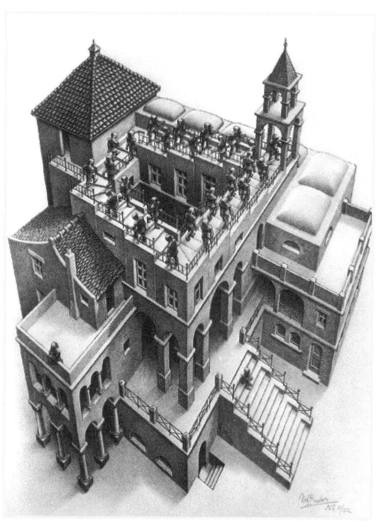

모순적인 작품이라 알려진, 에셔의 무한계단. 하지만 저것은 저러저러하도록 그려진 그자체로서의 완벽한 작품일 뿐이다. 저기서 무슨 모순을 찾을 수 있겠는가?

우리는 기껏 이 지구, 우주라는 테두리 안에서만 경험한 지식을 통해 모순이라는 정의를 내리는데, 그것은 전적으로 잘못된 것입니다. 경험에 근거해 모순을 이끌어내려면 그것과 관련된 모든 경험을 거친 후에야 가능하지만, 인간으로서 그것은 불가능합니다. 그러므로 경험에 따른 모순 도출은 불가능한 것입니다.

이제 추상에 근거한 모순에 대해 살펴봅시다. 이것 또한 경험에 근거한 모순과 다를 바 없습니다. 우리가 사변적 논리를 통해 "이러이러한 두 경우는 동시에 성립될 수 없다"고 결정을 내렸음에도 그러한 것들이 동시에 성립할 수 있다면, 그것은 모순이 존재하고 있기 때문이 아니라 자신이 정의한 각각의 경우 중 하나 혹은 둘 다 틀렸음을 의미합니다. 여기서 보면 알겠지만 "이러이러한 두 경우"에 해당하는 지식 또한 경험에 바탕을 두고 있고, 이렇듯 경험과 추상은 떼려야 뗄 수 없는 동전의 양면입니다.

어느 쪽이 더욱 경험에 기반을 두고 추상에 기반을 두는가에 따라 나눈 것일 뿐이지, 경험에 근거한 모순과, 추상에 근거한 모순은 나뉠 수 없습니다. 다만 이 경우는 해당 존재에 해당하는 지식이 직접적인 경험에 의한 것이 아닌 간접적 경험에 의한 것이라는 차이점이 있습니다. 다시 말해 직접적인 경험으로써 세워낸 모순보다는 손을 덜 타고, 상상 위주, 그리고 남에게 들은 지식을 위주로 해서 세워낸 명제 간의 충돌이 곧 추상에 근거한 모순입니다.

그럼 본격적으로 들어가, 추상에 의한 모순은 어떻게 이해할 수 있는가? 이를 위해 모순의 동양적 어원인 창과 방패의 예를 들어봅시다. 중국의 한 장사꾼이 자신이 파는 창은 모든 방패를 뚫을 수 있고, 자신이 파는 방패는 모든 창을 막을 수 있다고 외쳤습니다. 이렇게 된다면, "그 두 창과 방패는 서로를 뚫을 수 있어야 하고 막을 수 있어야 하기에 결국 그것은 불가능한 상황이므로 모순이다"라고 표현합니다. 여기서 이미 결정적 오류가 발견됩니다. 명명된 그 창이 모든 방패를 뚫을 수 있다는 근거도 없고, 명명된 방패가 모든 창을 막을 수 있다는 근거도 없습니다.

각각의 창과 방패에 그러한 무적의 성향을 부여한 것은 오로지 그 장사꾼의 사변적 규칙에 의해서입니다. 장사꾼의 규칙대로라면 자신의 창과 방패는 무적입니다. 하지만 여기서 장사꾼의 이러한 규칙이 잘못되었음은 누구라도 짐작할 수 있습니다. 다만 여기서 주목할 점은 창과 방패가 아니라 장사꾼의 신분입니다. 장사꾼은 실제 그 창과 방패를 가지고 모든 전장에 나가 싸워본 적이 없습니다. 그저 주변에서 주워들은 지식과 경탄을 이용해 각각의 창과 방패에 '무적'이라는 성향을 부여했을 뿐이지요.

물론 그 창과 방패들이 아주 강하고 단단하다는 것은 장사꾼 자신의 경험을 통한 눈맵시로써 알 수 있겠지만, 그 경험은 해당 창과 방패와 직접적으로 연관되는 경험이 아닌, 주워들은 지식, 그리고 다른 것 간의 경험을 통해 유사하게 짜깁기해낸 모방적인 지식일 뿐이지요. 따라서 이러한 장사꾼의 모순은, 경험보다는 추상에 근거한 모순이 됩니다. 이러한 추상에 근거한 모순은 경험에 근거한 모순보다 대상에 관한 편견을 지닌 모순으로써 더욱 부정확한 모순이라 할 수 있습니다.

그렇다면 이런 경험적·추상적 모순이 일어나는 원인은 무엇일까요? 이는 크게 고정과 오류 둘로 나누어볼 수 있습니다.

오류는 대상의 범주 설정에 있어서의 실패를 의미합니다. 가령 "A는 이러이러한 속성을 지닌다"라고 정의한 내용이 틀린 경우, 이는 오류가 되며, 이는 인간이 가진 경험적 한계로 말미암은 것입니다. 앞서 설명한 경험에 근거한 모순, 추상에 근거한 모순 모두 다 오류의 범주에 들어갑니다.

'고정'은 정의^{오류를 포함한}에 의해 설정된 범주^{가령 불은 뜨거우며 사물을 태운다}를 지나치게 철석같이 믿는 것입니다. 이러한 상태에서, 그것과 반대되는 상충되는 것이 초래되면 인간은 혼돈에 빠지게 되며, 모순이라는 개념을 끌어서 그것을 설명하게 됩니다. 모순이란 상충되는 두 사실에 동시에 존재하는 것이므로 실재적·논리적으로도 성립될 수 없음이 분명한데, 인식능력에 있어서 한계를 가지는 인간은 기존에 자신이 고정해놓은 지식의 범주를 벗어난 새로운 어떠한 것이 발견되고, 그것이 자신의 지식 체계와 모순을 이루게 될 때 모순을 실재하는 개념으로써 끌어들이게 됩니다.

다시 한 번 강조하지만, 모순은 그 어떤 경우에도 성립할 수 없기 때문입니다. 그 어떤 경우에도, 버클리 대학의 둥근 사각형 지붕은 만

들어질 수 없습니다. 보통 흔히들 관념적으로 생각하는 '부드러우면서
동시에 날카롭고, 둥글면서도 각진 이지적이면서도 푸근한 이상에 대한 정념' 과 같은 것은 문학적 구절에 불과하지 실제적인 사실이 될 수 없습니다. 어떤 경우라도 모순 그 자체는 완성될 수 없으며 단호하게 확신할 수 있습니다.

물론 그렇다고 해서 모순이 몹쓸 존재라는 것은 결코 아닙니다. 모순은 세계를 비춰주는 거울과 같은 역할을 수행하기 때문입니다. 지금의 저도 모순의 방법을 사용해 철학을 진행해나가고 있지 않나요? 하지만 저는 오로지 세계를 비추는 거울로서만 '모순' 을 사용하고 있습니다. 요지는 이것입니다. 비록 실존하지 않는 산물인 '모순' 이지만, 그것은 세계를 설명하다는 없어서는 안 될 중요한 도구라는 것. '지어낸 규칙' 이라는 칭호를 가지고 있기는 하지만, 버려야 할 것은 결코 아니라는 말입니다.

다만 그것을 세계의 본질에 들이대서는 안 됩니다. 세계는 그 자체로 완벽한 것이므로 그 자체에 모순을 들이대 봤자 의미 없는 일이기 때문입니다. 그러므로 모순이라는 것을 거울로서만 사용하는 것이 현명할 것이며, 따라서 세계를 모순을 도구 삼아 비판하기 위해서는 그 모순을 구성하는 명제들에 대해 명석 판명한 앎과 확신부터 가져야 합니다.

마-3 미래에 관하여

여기서는 시제와 관련된 패러다임을 바꿔보고자 합니다. 먼저 미래에 관한 패러다임부터 바꿔봅시다. 과연 미래는 존재할까요? 과거는 현재의 축적됨으로써 실존 가능할 수 있고 현재는 그 자체로써 증명될 수 있습니다만, 미래는 그것이 불가능합니다. 미래에 도달하는 것 자체가 불가능한 것일뿐더러, 그곳에 도착한다 해도 그것은 현재가 죽 이어져 닿은 것이지, 실존하는 미래에 도착한 것이 결코 아닙니다. 즉 미래를 증명한다는 것 자체가 곧 현재를 증명하는 것과 다를 바가 없다는 말이지요.

풋사과가 열린 사과나무를 예로 들어봅시다. 그 사과나무는 과거에는 조그마한 묘목에 불과했지만, 현재는 많은 열매를 맺은 성숙한 나무가 되었고, 따라서 미래에는 그 열매들이 모두 붉게 물들 것이라 많은 이들이 생각할 것입니다. 하지만 어쨌든 그렇다고 해서 그 '붉게 물든 사과' 라는 것이 지금 당장 존재하는 것은 아닙니다. 그것은 시간이 지난 다음에야 이루어지는 현상이고, 그 현상에 도달하는 순간, 그것은 더 이상 미래가 아닌 현재에 속하게 되는 것이지요.

이렇듯 이제껏 우리가 미래라 불렀던 것은 '지금' 에 속해 있는 '예측' 에 불과합니다. 우리가 예측하고 있는 존재로서의 미래는 곧 현재에 속한 것입니다. 이렇듯 미래는 실존하는 것이 아닙니다. 만일 미래가 실존하고 있다면, 존재여야만 하고, 존재인 이상 구체성을 띤 채 지금 당장 세계 어디엔 가에 실존해야만 합니다. 물론 그렇게 된다면

가지 한쪽이 가을 속에 순응해가고 있는 나무. 언젠가는 나무 모든 곳이 붉게 물들
겠지만… 지금은 아니다. 아직은 아니다.

그것은 더 이상 미래가 아니게 되지요.

물론 이렇게 생각하실 분도 있을 것입니다. "지금 우주 어딘가에는 우리 지구 100년 후의 모습과 똑 닮은 곳이 있고, 우리는 정확히 그곳처럼 모든 것이 변해갈 것이다. 그렇다면 이 지구에 해당하는 미래가 실존하는 게 아니냐" 하고 말이지요. 물론 실존하는 게 아닙니다. 공장 라인의 컨베이어 벨트 위에 실려 있는 세탁기를 생각해봅시다. 1번 공정 팔레트 위에 실려 있는 세탁기는 형체조차 갖추지 못한 상태이고, 마지막 공정인 포장공정에서의 세탁기는 이미 다 완성된 상태입니다.

하지만 그렇다고 해서 그 라인에 미래와 현재가 공존하고 있는 것은 아닙니다. 완성품은 완성품대로, 미완성품은 미완성품대로 각각 존재하고 있을 뿐, 각각의 제품이 다른 차원과 공간 속에 따로 존재하고 있는 것은 아니잖습니까? 여기에서 공장 라인은 세계 전체를 의미하고, 각각의 팔레트 위의 제품은 존재하는 행성들을 의미합니다.

그 어떤 제품도 라인을 벗어날 수 없듯이 그 어떤 행성도 세계 전체를 벗어날 수 없으며, 따라서 세계의 모든 것은 동시에 존재하는 것입니다. 지금의 지구도, 그리고 앞으로 변해갈 지구의 모습을 담은 행성 또한 말이지요. 영화 〈백 투 더 퓨처〉의 주인공은 미래에서 현재로 온 것이 아닌 현재에서 현재로 온 것입니다.

앞서 밝혔듯 분명 현재는 과거의 누적으로써 이루어집니다. 하지만 그렇다고 해서 과거라는 것 자체가 실존하는 것은 아닙니다. 현재, 즉 '지금'은 과거의 축적이지만, 그 과거 또한 어디까지나 '현재'에 속하는 것이지, 과거의 상태로서 특별히 존재하고 있는 것은 아닙니다. 세계의 모든 것은 분리될 수 없기 때문이고, 세계의 모든 속성, 모든 것을 분리시킬 수 없듯이 세계의 모든 사실 또한, 그리고 시간 또한 분리될 수 없습니다. 이것은 당연합니다. 그 누가 과거, 현재, 그리고 미래를 분리할 수 있겠습니까?

다만 여기에서 과거의 누적이란 인간에게 있어서의 과거의 누적과는 차이가 있습니다. 인간에게 있어 과거란 기억이며, 기억이란 외부 인식을 통해 받아들인 것 그리고 내부적인 생각·상상 등의 대상의 상[※]을 표상과 언어화를 통해 저장한 것에 불과합니다. 고로 '기억'이라는 존재는 전체적이지 못하고, 그곳엔 대상의 아주 일부분만 담길 수밖에 없습니다.

하지만 세계가 저장하는 과거의 누적은 인간의 '기억'과는 달리 세계 그 자체입니다. 현실은 과거가 부단히 쌓인 것이지요. 고로 현재는 과거 자체를 몽땅 담고 있으며, 그 자체로 과거에 대한 증명이 됩니다. 즉 과거와 현재는 이어져 있습니다. 여기서 하나의 의문이 들 수 있습니다.

만일 "세계가 이렇게 창조되어 나가고, 그것의 누적으로서 현재가 진행되어 나간다면, 그렇게 하려는 의지가 실존하기 때문일 수도 있는 것이고, 그렇다면 이 의지도 의지의 대상과 주체가 분리될 수 없는 것인가" 하는 것이지요.

물론 그렇습니다. 의지든 뭐든 '있음'으로부터 분리될 수 없는 단 하나의 것임은 자명합니다. 의지가 있다면 실존하는 것이어야 하므로, 공간과 정신성으로부터 달아날 수 없습니다. 따라서 의지 또한 통합되어 작용할 수밖에 없는 것이지요. 그리고 정신성 또한 그렇게 규정하려고 하는 의지가 작용한다고 볼 수밖에 없습니다.

최소를 최소로서 규정하고, 그리고 최대를 최대로서 규정하는 데 우유부단해서는 안 되기 때문입니다. 대상을 대상으로서 정한다는 것 자체가 능동적인 행위이고, 이러한 능동적인 행위에는 그렇게 하고자 하는 의지와 같은 것이 어떠한 반드시 있어야 합니다.

어떠한 것을 규정하는 능동적인 규정자가 또 다른 누구의 명령을 받을 수는 없기 때문이지요. 따라서 의지는 반드시 규정자인 정신성자가 포함될 수밖에 없는 것입니다. 여기에서 의지는 카오스와 코스모스이론에서 말하는 의지보다 근원적인 것으로서 최소/최대를 정하는 기본적인 존재로서의 의지이며, 그 의지를 통해 정해진, 덜 세밀하고 투박한 각각의 현상들이 우연 혹은 필연을 통해 만들어낸 세계의 질서는 의지 그 자체에 의해 규정지어진 세계보다는 근본적이지 않은 것입니다.

다시 말해 의지에 의한 정신성으로서 규정된 세계는 제1차적인 것이고, 그 제1차적 세계를 바탕으로 우연 혹은 필연이 개입되는 것은 제2차적인 것입니다. 물론 제차적인 정신성과 그 의지에 의해 세계의 질서가 구성될 수도 있고, 저는 그 경우를 사실에 더욱 가까운 것으로 보았지만, 그것에 동의하지 않을 우연주의자들이 이런 장황한 글을 써 놓은 것입니다.

따라서 의지와 정신성은 결코 분리될 수 없는 존재자입니다. 그리고 정신성과 대상 또한 결코 분리될 수 없음이 자명하므로, 의지 · 정신성 · 물 · 공간의 범주는 모두 같은 것입니다. 이러한 의지 · 규정함 등은 세계의 인식이라고 볼 수 있으며, 따라서 세계에 있어서 인식이란 모두 동시에 이루어지는 것으로 볼 수 있습니다.

이것은 인간이 가지는 인식의 단계와는 전혀 다른 것으로, A를 해야 B를 하고 B를 해야 C를 할 수 있는 등의 인식 단계를 가지는 인간으로서는 인식 · 창조 · 의지 등의 모든 것이 같은 범주에 속해 동시에 이루어지는, 세계의 이러한 전체적인 인식의 경지에는 도저히 도달할 수 없습니다.

하지만 어쨌든 세계는 이렇습니다. 요약하자면 세계에는 오직 '지금'인 현재만이 존재하며, 과거는 현재에 함축되어 있는 것이고, 미래는 그 존재 자체가 없는 것입니다. '미래에 그렇게 할 것', 그것은 지금 존재하는 것이지 미래라는 분절된 상태 속에 존재하는 것이 아닙니다. 가령 하이데거가 말하는 기투 등의 것도 '사람을 앞으로 그러하게끔 이끌지만, 그 자체는 현재에 포함된 존재'입니다. 즉 현재인 것입니다. 세계에는 오로지 현재만이 있고, 미래 따위는 존재하지 않습니다. 현재의 계획과 예측이 곧 다가올 미래로써 이해될 수 있을 뿐입니다.

미래세계로의 여행 따위는 앞으로도 영원히 짧막한 소설과 영화의 범주를 벗어나지 못할 것입니다.

마-5 영원에 관하여

영원이란 참으로도 달콤한 언약과도 같고 무한히 무거운 족쇄와도 같다만, 그 누구도 이를 볼 수도 없고 증명할 수도 없습니다. 영원은 존재하지 않기 때문이지요. 영원은 무한과 다를 바 없습니다. 무한이 공간적인 문제라면 영원은 시간적인 문제입니다. 영원의 끝은 숫자의 끝과도 같지요. 숫자의 끝이 무한하다면 그것을 증명해 보십시오. 예를 들어 인피니티의 개념을 끌어들여 숫자의 무한을 설명한다면, 그 인피니티가 참이라는 근거는 무엇입니까?

그것을 증명하려면, 인피니티가 끝이 없음을 증명해야 합니다. 물론 그것은 불가능합니다. 이것은 앞서 밝혔던, 무한이 존재할 수 없는 이유와 똑같은 이유로 말미암아 불가능합니다. 영원이 존재하기 위해서는 그 영원의 전체에 해당하는 것이 지금 당장 이곳에 있어야만 합니다. 물론 지금 당장 이곳에 있게 된다면, 그것은 더 이상 영원이 될 수 없겠지요. 만일 존재한다고 해도 그 영원의 상태가 속해 있는 범주는 '지금'이 이어지는 동안 계승되어버리므로 성립될 수 없는 것은 매한가지입니다.

이렇듯 영원·무한·없음에 관한 패러다임은 같은 형태입니다.

그것 또한 존재이므로 존재하기 위해서는 지금 당장 있어야 하는데, 지금 당장 그것으로서 존재하고 있는 영원·무한·없음은 현재·유한·존재가 되어버리므로 성립되지 않지요.

마-6 운명에 관하여

존재에게 이미 주어진 운명이 있는가? 이것에 대한 고민은 이미 수천 년 전부터 수많은 사람이 해왔던 고민이기도 하고, 동시에 그 누구도 풀 수 없는 고민이기도 합니다. 이것은 '동전 던지기 확률'에 해당하는 문제입니다. 인간으로서는 확신할 수 없는 문제이지요. 이는 인간으로서는 '세계 그 자체'가 될 수 없기 때문이고, 다만 이와 관련되어 있는 다양한 가능성을, 논리적 사유로써 짐작할 수 있을 뿐입니다.

인간으로서는 운명과 관련된 근본적인 문제에 접근조차 할 수 없습니다. 가령 누군가가 운명의 비밀을 파헤치고서 "아, 나는 운명으로부터 자유롭다"라고 외쳐도, 그렇게 외치는 것조차 신의 계획해놓은 운명일 수도 있는 것입니다. 이러한 입장까지 가자면, 과연 운명이 실존하는가 하는 문제는 풀수가 없지요. 정말로 운명이란 실재하는 것이며, 이러한 글을 쓰고 있는 나도 그 운명에 따라 그러하게 쓰고 있는 것일 수도 있는 것입니다.

운명이 실재하는가, 실재하지 않는가는 제아무리 신출귀몰한 사람이라 할지라도 확신할 수 없는 문제입니다. 미래 보기를 좋아한다는 점쟁이들도 실제로 앞으로 진행될 운명은 볼 수 없습니다. 만일 그것이 가능하다면 더 이상 운명은 존재할 수 없기 때문입니다. 가령 점쟁이 한 명이 10일 후에 죽을 자신의 운명을 발견하고 그것을 회피한다고 생각해봅시다. 그렇게 되면 바뀌는 운명은 점쟁이 한 명만이 아닌, 점쟁이와 관련하는 모든 존재 또한 해당하는 것이며, 그 모든 존재로 말미암아 세상의 모든 존재의 운명 또한 바뀌게 됩니다.

세계는 단절된 것이 아닌 연속되는 것이므로 한 존재의 운명이 바뀌게 되면, 그로 말미암아 다른 모든 존재들의 운명도 바뀌게 되는 것입니다. 가령 점쟁이가 죽지 않음으로 인해 10일 후에 관을 짜기로 예정되었던 장의사가 시간이 비어 복권을 긁었다가 대박이 나는 바람에 돈이 없어 해외유학을 보내지 못한 아들을 독일로 유학 보내고, 아들은 그곳에서 유명한 학자가 되어 세계의 학문체계를 모두 바꾸어놓을 수도 있습니다. 이렇듯 운명은 세계 전체와 연관된 문제이며, 점쟁이 한두 명에 의해 파헤쳐질 수 있는 성질의 것이 아닙니다.

이렇듯 운명이 실재한다면, 운명은 한두 존재에 국한되는 것이 아닌, 세계 모든 존재에 해당하는 문제이게 됩니다. 이 경우 세계 전체가 하나의 상영관이며, 우리는 그 상영관 스크린을 채우는 영상에 지나지 않을 것입니다. 이런 고정된 운명에서는 그 무엇도 운명으로부터 탈출할 수 없습니다. 만일 운명의 시기가 끝나고, 자유의 시기가 온다고 해도 그것은 그러하게끔 한 신의 배려이지, 인간의 잘남으로 인한 것이

아닙니다. 따라서 이런 세계관에서는 자유를 위한 인간의 투쟁은 의미
없으며, 그냥 신이 빨리 인간들을 해방시켜 주기만을 바랄 뿐이지요.
이렇듯 운명이 있는지 없는지는 그 누구도 알 수 없습니다.

하지만 중요한 점은 우리에게 주어진 운명이야 어쨌든 지금 당장
우리는 우리가 하고자 하는 무엇인가를 할 수 있다는 것입니다. 가령
지금 당장 극도의 허무함을 느낀다거나 아주 목청 높여 신을 저주 할
수 있습니다. 이렇듯 운명이 있든 없든 지금 당장 자신이 그러하게끔
하고자 함은 참입니다. 10개의 가짓수 중에 그러한 것을 하나 골랐다
고 해서, 그것을 고르게 한 것이 신인가 아닌가는 결코 중요한 일이 아
닙니다.

중요한 것은 지금 당장 자신이 그러한 것에 집중하고 있다는 것이
고, 그것을 통해 더욱 더 나은 선택의 길로 나아가려 하며, 그렇지 못하
다면 반성을 통해 다시 추스르려 한다는 점입니다. 그러므로 어차피 운
명의 존재 여부를 알 수 없는 인간으로서 할 수 있는 최선의 선택은 행
위를 하고 난 후, 그것이 신에 의한 것인지 곰곰이 생각하는 것보다는
그 행위에 최선을 다하는 것이라 감히 말할 수 있겠습니다.

만일 운명이 실재한다면 행위에 최선을 다하는 것도 정해진 것이
고, 행위는 대충하고 그것이 신에 의한 것인지 곰곰이 생각하는 것도
정해진 것이므로 둘 다 좋고 나쁠 것이 없습니다. 만일 운명이 실재하
지 않는다면 순간순간 행위에 최선을 다하는 것은 좋은 것이지만, 행위

는 대충하고 그것이 신에 의한 것이 아닐까 고민하는 것은 쓸데없는 고민이며 시간을 소비하는 짓이므로 나쁜 것입니다. 이러한 것을 총체적으로 생각해보자면, 운명의 존재여부 고민에 시간을 소비하는 것보다, 순간순간 최선을 다하는 것이 우리에게 있어서 더욱 좋은 행위라 볼 수 있습니다. 이렇듯 지금 당장 존재하고 있는 '나'로서 할 수 있는 가장 좋은 일은 지금에 집중하는 것입니다.

그 밖에도 수많은 개념이 부정되어야 하지만 그다지 중요하다고 생각지 않기에 생략했습니다. 추상화된 개념 그 자체는 반드시 부정되어야 합니다. 하지만 개념이라는 존재 그 자체만을 부정할 뿐, 그것이 사람들에게 사용됨을 부정하는 것은 결코 아닙니다. 비록 딱딱하고 둔탁하기는 하지만, 이러한 개념들은 세상에 대한 가장 쉽고 보편적인 이해를 도와주는, 없어선 안 될 도구들이기 때문이지요. 다만 사용할 거라면 그 개념을 제대로 정립해, 제대로 된 곳에 써먹었으면 합니다.

잘못된 개념으로써 세계의 형이상학, 더 나아가 철학을 구성하려는 시도 자체를 지양하자는 것이 이 단원에서의 제 목적입니다. 이제 이러한 단원의 내용을 '플라톤의 단어공부'라는 짤막한 소설^{실제 플라톤의 생애, 철학과는 관계없는 소설입니다. 그저 대철학자로써의 플라톤의 이름과 캐릭터만을 따왔을 뿐입니다}로 정리하고, 본문의 내용을 마치고자 합니다.

타로카 '운명의 수레바퀴' 덱

정말 우리의 운명이 신의 계획대로 흘러가고 있는지 아닌지는 몰라도 중요한 것은
지금 당장 당신이 자신의 의지대로 그것을 하고자 함이다.

"내가 이 다음에 어른이 돼서 위대한 정치가가 되면, 커다란 학교부
터 만들 거야. 이런 언덕 위에서 공부하는 것도 나쁘지는 않지만, 그
래도 그것보다는 저기 저 신전만큼 커다란 곳에서 공부하면 더 집중
이 잘되겠지?"

"학교? 그게 뭐야?"

"그러니까 커~어다란 공간에다 배우고자 하는 사람들을 가득 가득
채워넣는 거야. 그리고 모든 일에 해박한 선생 한 명을 모셔다 그들
을 가르치는 거지."

"수메르 지역에 그와 비슷한 거 있다는 얘기를 들은 것 같긴 하다."

"맞아 맞아. 그거 비슷해. 비록 난 위대한 정치가 역할을 해야 해서
직접 선생 역할은 못할 테니까, 날 대신할 아주 총명한 사람을 그 자
리에 앉히는 거야."

"그럼, 그건 국가에서 지원해주는 거겠네? 정치가가 지원해주는 거
니?"

"그렇지. 교육은 국가에서 주도해야 마땅하지."

"잡담은 거기까지 해, 아리스토클레스. 정치가가 되기 전에 그리스어나 좀 떼지 그러니?"

"이크… 선생님 오셨네."

당시 공교육 시설이 없던 그리스에서는 개인별로 교습을 받아야만 했는데, 다행히 플라톤은 귀족의 자제로서 자신의 단짝과 함께 개인교습을 받을 수 있었지만, 사실 그건 플라톤 입장에서 다행이라고 볼 수 없었다. 플라톤은 매번 단어시험에서 떨어졌기 때문인데, 그 공포의 시험지는 오늘도 어김없이 선생의 손에 들려 있었다.

"오… 오늘도 시험 쳐요?"

"시험 치기에는 참 좋은 날씨니까."

"하지만 시험 치기 좋은 날씨는 놀기에도 좋은 날씬데…."

"계속 말대답하면 할 때마다 한 문제씩 틀린 거로 간주하겠어."

"아… 잘못했어요."

"이번에는 반대말 적기라 꽤 쉬울 테니까 절대 낙제하지 마. 알겠니 플라톤? 이번에도 낙제하면 부모님을 직접 찾아뵙겠어."

"네…."

기어들어가는 목소리의 플라톤과 달리 그의 앞에 던져진 시험지는 당당하기 그지없었다. 시험 문항은 총 일곱 개로, 그중에서 다섯 개를 맞추어야 합격하는데, 시험지를 받는 순간 플라톤의 표정은 돌처럼 굳어버렸다.

다음 단어와 반대되는 단어를 적으시오. (5개 이상 맞출 것)

■ 칼 ↔

■ 태어남 ↔

■ 유한 ↔

■ 존재 ↔

■ 아테나이 ↔

■ 땅 ↔

■ 여름 ↔

시험지 배분과 동시에 이집트산 모래시계가 뒤집어졌고, 모래시계 속 하나하나 모래알만큼의 다양한 생각이 플라톤의 머릿속에 넘치기 시작했지만, 그의 손은 반응이 없었다. 모래시계의 숨이 넘어갈 때까지….

마침내 모래시계의 마지막 모래알이 아래세계로 매정한 발걸음을 옮겼고, 그때까지 아무것도 쓰지 못한 플라톤을 선생은 한심하게 쳐다보며 그의 뺨을 올려붙이고 총총걸음으로 사라졌다. 플라톤의 친구조차 플라톤에게 비웃음을 면전에 던져주고서 그의 뒤를 따라갔다.

지금의 플라톤의 곁에는 아무도 남아 있지 않았다. 선생도, 친구도, 학교를 세우겠다던 희망도, 정치가가 되고자 하던 열망도…. 남아 있는 것이라고는 쓸쓸하고 차가운 침묵을 지키고 있는 대기와 빠르게 사라지는 구름 조각들, 플라톤의 두 볼을 채우는 눈물, 그리고 플라톤 앞에 놓인 두 장의 시험지뿐이었다. 아무것도 적히지 않은 플라톤의 시험지, 방패, 죽음, 무한, 없음, 스파르타, 하늘, 겨울이라는 글자로 삐뚤빼뚤 채워진 만점짜리의 플라톤 친구의 답안지….

"어떤 게 네 시험지니?"

등뒤에서 별안간 들려오는 소리에 깜짝 놀란 플라톤은 눈물을 닦고 질문이 날아온 방향을 향해 몸을 돌렸다. 그곳에는 아주 못생긴, 하지만 푸근해 보이는 한 중년의 신사가 있었는데, 플라톤은 그에게서 경외감과 같은 어떠한 느낌을 받을 수 있었다.

"아… 아무것도 적히지 않은 시험지가 제 것이에요."

"호오, 그래. 넌 상당히 현명한 아이구나."

"농담하지 마세요. 제가 현명할 리가 없잖아요!"

"아니야. 정말 현명한 아이란다, 너는."

그의 말을 통해 전달되는 전율을 통해 플라톤은 그에게서 때 묻지 않은 진지함을 느낄 수 있었고, 그의 정체에 대한 강한 호기심을 가지게 되었다.

"나한테서 공부를 배워보지 않으련?"

"정말요?!"

"그래, 가자꾸나. 네게 세상에 없는 새로운 지식을 선물해주마."

중년의 신사는 흐뭇한 미소를 플라톤에게 던진 다음 언덕을 내려갔

고, 플라톤은 그의 뒤를 쫄레쫄레 따라갔다.

"내 이 작고 보잘것없는 여린 머리로 세계를 조금이나마 풀어낼 수 있다면…."

이제껏 세계에 대한 새로운 형이상학을 풀어놓았습니다. 철학자 대부분이 그렇듯이 단순하면서도 가장 복잡한 주제인 세계에 대해 저 또한 엄청나게 많은 양의 생각들을 쏟아냈습니다.

"과연 이 많은 생각을 하나로 이어 몇십, 몇백 페이지라는 한정된 책 속에 담을 수 있을까" "담을 수 있다면, 그것을 담는 데 대체 얼마나 많은 시간을 필요로 할까"라는 걱정이 들 정도로 말이지요. 그런 방대한 철학적 생각들 모두 소중하고 의미 있는 것들이었지만, 사유가 발전하고 확장해나가는 2년 동안 그중 대다수가 쓸모없어졌기에 다 잘라냈습니다.

명쾌하지 않은 것을 모조리 잘라내고, 남은 것을 추리고 또 추리다 보니 뜻밖에 짤막한 철학서가 완성되었고. 저는 이 분량에 굉장히 만족합니다. 주정뱅이 짓을 하고, 가장 쉬운 단어만을 조합하며, 지금까지의 형이상학적 제 모든 역량을 담아내어 만든 짤막한 분량의 철학서라면, 적어도 독자들이 보시기엔 크게 부담되지 않으리라 확신하기 때문이지요.

이 철학서의 가장 큰 목적은 이제껏 보지 못했던 세계의 새로운 면모를 끄집어내어 세계의 전체적인 모습을 보다 풍성하게 볼 수 있도록 하자는 데 있습니다. 다만 중요한 것은 이 철학서에서 주제가 형이상학이다 보니 대상이 세계 그 자체라는 점입니다. 이 철학서에서는 인간에 대한 형이상학, 더 나아가 인간에 대한 윤리학 등을 완전히 배제했습니다. 따라서 실존적인 측면은 거의 없으며, 이는 의도된 바입니다.

실존적인 측면과 윤리학적인 측면을 억지로 형이상학 단원과 애써 연관시킬 이유는 없기 때문이지요. 세계에 대한 궁금증을 가지고 있던 제게 당면한 가장 큰 주제는 세계 그 자체였고, 따라서 실존적인 측면은 일단 배제하고, 오로지 세계 그 자체에 대한 지식만을 고스란히 담아냈습니다.

이는 세계 그 자체에 관심을 기울여 가장 크고 가장 신비하며 가장 근본적인 '세계'라는 수수께끼에 대해 보다 합리적인 질문을 던져 보는 것, 그리고 그로써 '세계', 더 나아가 인간에 대한 보다 근원적인 해석을 하는 것, 다시 말해 인간에 입장에서 인간의 해석이 아닌, 인간을 포괄한 세계의 입장에서의 세계, 더 나아가 인간을 해석하는 것^{이 책에}^{선 인간을 해석하진 않았지만}이 이성을 지닌 인간으로서 할 수 있는 가장 뜻 깊은 일 중의 하나라고 굳게 믿기 때문입니다.

문명 · 기계 · 과학 등이 만들어놓은 우주의 규칙 속에서 사람으로서 할 수 있는 가장 실용적인 행위들만 반복하다 죽는 것이 인간다운 것인가, 아니면 세계라는 거대한 수수께끼에 대해 사유하다 죽는 것이 인간다운 것인가? 관념 속에 이 자그마한 우주, 지구, 국가, 사회만을 품을 것인가, 아니면 세계 전체를 품을 것인가라는 질문들에 대해 저는 보다 근본적인 입장의 편을 들었고, 그 선택에 대해선 후회하지 않습니다. 실존적인 학문은 분명 인간에 있어 필요한 것이지만, 실존적인 학문만이 인간에 필요한 유일한 것은 아니기 때문입니다.

진리와 지식에 이르는 길은 다양하며, 따라서 한쪽의 입장에서 모든 것을 이해하려는 태도는 오만한 태도라고 생각합니다. 고로 저는 그 다양한 길을 확보하고자 하는 시도로서 진리에 이르는 또 하나의 길인 '세계' 의 길을 통해 진리의 또 다른 모습을 열고자 했고, 그것을 독자와의 공론장에 이렇듯 꺼내놓았습니다.

앞서 말했듯이 이 책은 내용상 완성된 것이 아닙니다. 제 평생에 완성할 수 있을 거라는 확신이 들지도 않습니다. 하지만 그 과정에 있어서의 이 책은 그 자체만으로도 충분한 가치를 가진다고 생각합니다. 화두로서, 시작점으로서 쓴 이 책이 발전해나가는 만큼 저의 사유도 발전해나가고, 더 나아가 세계의 지식도 발전해나가길 기원한다는 말을

마지막으로 해두고서, 세계를 갈구하는 기나긴 시적인 글 한 편과 함께

이 기나 길었던 저서의 마침표를 찍겠습니다.

아아…. 당신에 미안한 말일지는 몰라도,

저는 당신과, 당신이 아름답다고 여기는 것들을, 아름답다 여긴 적

이 단 한번도 없습니다.

당신이 아름답다 칭하는 풍경을 증오합니다.

그런 풍경이 당신에게 한계가 되기에….

희망과 부푼 꿈에 설레듯 몸을 흔드는 난초,

죽음의 두렵고 검은 세계를 뚫고서 끝끝내 피어올라, 세상의 눈부신
태양과 신선한 공기를 흠뻑 들이마시며 얼굴을 발그레 붉히며 고개
를 숙이는 수줍은 숙녀 같은 튤립,

세상 모든 지식을 아는 듯 과묵하게 그 자리에 서서 녹색빛의 수천
개 눈으로 세계를 쳐다보며, 어떨 때는 보는 것조차 귀찮아 달린 눈
을 몽땅 떼어버리고서 깊고 긴 묵상에 잠기는 나무들.

당신은 그 모든 아름다운 사물들에 경외와 사랑이 담뿍 담긴 노란색
과 분홍색 눈빛을 온통 흩뿌려놓았고, 반대로 끔찍하다 여기는 사물
들.

몸이 토막 난 채 죽은 사람.

지옥과 직접 이어져 있을 듯이 음침하고 오싹한 늪.

이러한 것을 보며 저주와 두려움, 혐오가 가득 담긴 보랏빛, 푸른빛
시선을 가득 흩뿌려놓았겠지요. 그 시선은 그 사물에 대한 정의이
며, 가치의 잣대입니다.

당신은 스스로 정의한 그 사물에 대한 인식을 결코 변화시키지 않습
니다.

늪은 늪지대의 생명에는 없어서는 안 된다 설명하면 어김없이

"그런 늪지대에 사는 생명도 필요 없잖아" 라며 쓰디쓴 화살을 날립
니다.

아아… 저는 이 무지가 두렵고 슬픕니다.

사람들에게 있어서 아는 것의 범주는 자의적입니다.

꽃에 대한 찬사는 벌레에 대한 모독이며,

벌레에 대한 모독은 그렇게 말한 자의 무지함에 대한 증거입니다.

그들의 무지에서 쏟아져 나온 날카롭고 시린 독화살이 내 앞에 박혀
수용소 창살을 만듭니다.

저는 그 창살을 젖히고 그들에게 나아갈 수 없습니다.

그들은 스스로 정의를 내렸고, 거기에 저항한다면 어김없이 내 심장에 독화살을 퍼부을 것입니다.

난 이 무섭고도 옹졸한 화살에 박힌 편견과 아집, 흑백논리와 같은 독의 아픔을 많이 겪어왔습니다. 더 이상 그 화살에 맞기가 두렵습니다.

아아… 사람들은 늪지대에서 푸른 들판을 상상합니다.

푸른 들판에 몸을 뉘인 후에는 주변에 향기롭고 아름다운 꽃이 있기를 원합니다.

그 후에는 푸른 하늘이 있기를 바라고, 신기하게 생긴 조각구름 몇 조각을 띄워놓아, 그것을 통해 눈요기와 흥미로운 잡담을 토해놓기를 원합니다.

그러고 난 뒤 시원한 바람줄기가 자신의 몸을 사뿐히 휘감기를 바라고,

뜨겁지도 미지근하지도 않은 적당히 따스한 태양이 온 누리에 비치기를 원합니다.

그렇게 해서 모든 것이 갖추어진 세계 속에 몸을 뉘일 때 비로소 만족을 하고, 생각을 비우며, 그저 즐기는 데 감각을 사용합니다.

아아… 이 얼마나 거대한 비애입니까!!

세계의 아름다운 면모는 인간에게 있어 너무나도 거대한 족쇄입니다.

그 족쇄는 인간의 상상과 사유를 표독스럽게 물고서 놓아주지 않습니다.

그 아름다운 풍경은 그 이상의 아름다운 세계를 감히 상상하지 못하게 만듭니다.

하지만 우리는 이 세계의 그것과는 비교조차 할 수 없을 만치 아름다운 세계를 마음속에 가지고 있습니다.

그 세계는 더럽고 불쾌함 속에서 만든 곳입니다.

하지만 인간은 그 세계를 그저 상상 속의 세계로 명칭하고서 헛것으로 간주합니다. 이 세계의 아름다운 풍경은 이토록 잔인합니다.

이 세계의 아름다운 풍경은 질투의 화신입니다.

더럽고 추악한 창녀입니다.

백설공주를 내쫓은 왕비입니다.

인간을 자신의 울타리 안에서만 살게 하려는 사기꾼이자 악당입니다.

비통하게도 사람들은 스스로 멍청이가 되기를 자처합니다.

스스로, 스스로, 스스로 상상 저 너머에 장벽을 치고, 그 이상 넘어가는 자들을 소외와 무시라는 단두대와 도끼로 처단합니다.

오직 정해놓은 범주 안에서만 사유합니다. 지구라는 곳이 세계 전부
이고, 그들만의 절대적 세계이며, 모든 규칙의 기본이 되는 곳이라

여깁니다.

하지만 그들은 그들 세계를 설명할 수 없습니다.

그럼에도 그들은 여전히 씩씩한 그들의 무한한 자신감과 믿음에 경

의를 표합니다. 그리고 그들은 인간이 지닌 무한함을 인간이 가진

물질적인 이 세계 안에서만 풀어놓으려 합니다.

아아…. 이 얼마나 거대한 비애입니까!!

언젠가 내가 윤택해지면 돼지를 한 마리 살 것입니다.

그런 후에 내가 번 모든 돈으로 값비싼 음식을 사 돼지에게 먹일 것

입니다. 간청하건대 부디 그런 나를 보고 미쳤다느니 미련하다느니

얼빠졌다느니 하는 소리는 하지 말아주십시오.

내가 보기에는 돼지 한 마리를 위해 진수성찬을 제공하는 나보다

한계가 명확한 이곳만을 위해서 인간의 무한함을 사용하는 자들이

훨씬 바보스러우니.

아아…. 저는 비통함에 빠져 있습니다.

뱉어내는 모든 기쁜 소리, 소리 내어 우는 소리, 환희에 젖은 소리, 광명에 찬 소리, 음악, 흐느끼는 소리, 아들의 이맛가에 울려 퍼지는 자장가 소리와 쪽 입 맞추는 소리. 이 모든 소리가 사실은 모두 비통에 찬 울음소리입니다.

그들은 무한 속에서 유한만을 논하며, 거짓된 사실들을 진리로 간주하고, 그 이상의 것은 알 수 없는 것으로 감히 단정합니다.

신을 믿어야 하는 이유도 알지 못한 채 믿습니다.

저는 신의 존재를 명백히 증명할 수 있습니다. 그렇기에 신을 믿습니다. 하지만 저들은 그저 믿어야 하기 믿습니다.

이 얼마나 거대한 비애입니까?

들리는 모든 소리가 죽지도 않은 자신들을 위한 장송곡이며, 보이는

모든 행위들은 죽지도 않은 자신들을 위해 땅을 파고서, 그 속에 들

어가 흙으로 몸을 덮고 그 속에 몸을 영영 숨기는 모습입니다.

그로 말미암아 이젠 정말이지 숨이 멎어갑니다. 스스로를 죽이고 있
습니다. 그럼에도 그들은 스스로가 스스로를 죽여가고 있다는 사실
을 모르고 있습니다.

산소가 부족함으로 말미암은 헐떡임을 침대에서 느끼는 성적 쾌락
으로 착각하고 있습니다.

산소가 부족해 느껴지는 몽롱함을 세계의 아름다움에 도취함으로
인한 몽롱함으로 착각하고 있습니다.

저는 이들에게서 환멸과 안타까움을 동시에 느끼고 있습니다. 그들
에게 손을 내밀 수도 없습니다.

그들이 스스로 쳐놓은 장벽에다 날카로운 창을 달아놓은 까닭입니
다.

장벽에 손을 댈 수 없어 대신 노래로써 그들의 무지함을 깨우치고자

하나, 내 목소리는 담장 너머의 그들의 의미 없는 다툼 소리 때문에 들리지 않습니다.

기대감을 듬뿍 묻혔던 내 노래의 색은 점점 시들어갑니다. 이제는 비가가 되었습니다. 이렇듯 비애가 되었습니다.

모음과 자음이 만들어 낼 수 있는 가장 슬프고 안타까운 말을 혼자서 토해내고 있습니다.

이 비애의 대상은 내가 아니라 세상입니다.

나의 비애이지만, 저는 세상에 속한 까닭에 세상의 비애이기도 합니다. 하지만 세상은 자신들이 얼마나 슬픈 무지에 빠졌는지 알지 못하고 있습니다.

그들은 탑을 쌓고 있습니다.

오직 경험과 물질만으로 탑을 쌓고 있습니다.

이 못돼먹은 바벨탑은 언젠가는 무너질 것입니다.

그 이유는 성경에서처럼의 신의 방해 때문이 아니라 탑을 쌓은 재료의 부실함 때문입니다.

그들은 무너지는 탑에서 죽어가며, 그 원망의 대상을 다른 곳에 돌릴 것입니다. 그제야 신을 찾아, 원망 또는 구원의 간절함을 털어놓을 것입니다.

미안하지만… 난 그 탑에 살지 않을 것입니다.

내가 죽게 된다면, 그 이유는 그 탑에 깔려 뭉개져서이지 그 탑에 살고 있어서가 아닐 것입니다.

저는 평생을 고독과 함께한 겁 많고, 소극적인 샌님입니다.

그러한 나와 세상 사람들 사이에서 느끼는 것은 비애입니다. 했던 말을 되풀이하는 문학적 촌스러움과 어설픔을 부디 용서해주십시오. 이는 내가 세계에 대해 느끼는 답답함의 발로입니다.

아아…. 내 상상 속에서 그들을 창조해 내가 하고자 하는 말을 전할 수도 없습니다.

그들의 잔인하고 매서운 면모들이 내 표상에 그대로 짙게 묻어 있기 때문입니다.

내 상상의 주체가 나임에도 그들의 그러한 면모는 내 상상 속에서조차 내 말을 듣지 않게 합니다. 그들의 무서운 표상이 내 의지를 거부하고 나를 목 조릅니다.

아아… 오이노스… 오이노스가 이 세계에 있어 무엇이며, 어떻게 해야 그것을 구할 수 있습니까? 그것을 그들에게 먹일 수 있다면, 내 심장을 산채로 바치리로다.

그들이 술술 풀어내는 말 속에서 자신의 무한한 가능성 대한 스스로의 자각을 추측할 수 있는 아주 조금의 단서라도 발견한다면, 감히 말하건대 내 폐를 떼어내 이끼 낀 커다란 바위 언저리께에 두고, 평안히 드러누워 잠들겠습니다.

아니, 그 단서를 보지 못해도 상관없습니다. 부디 오이노스 한 방울과 내 피 열 방울을 맞바꿀 수만 있다면 얼마나 좋으련만. 내 모든

피를 바치면 몇 병의 오이노스를 얻을 테니, 그것으로 정신이 깨인

자들에게 먹일 수만 있다면. 하지만 내 피는 크바시르처럼 값지지
못한 까닭에 그럴 수 없습니다.

그저 슬픔만 토해냅니다. 그들은 모국어를 잃었습니다.

오직 유한한 개념과 관념, 단어만을 쓰고 있습니다. 그들이 말하는
"무한하다" 라는 단어조차 유한합니다. 정녕 그들은 모국어를 잊고
있습니다.

비애에 젖은 밤이 흐르고 있습니다.

이 밤을 몰아낼 용사는 시간이 아닌, 인간의 이성과 세계에 대한 자
각입니다.

하지만 그곳은 아득하게 멉니다. 쳐다보는 것만 해도 숨이 멎을 듯
답답할 정도로….

저 멀리서 성가를 부르는 비진리의 가식적인 목소리와, 성서를 읽
는, 무지의 아는 체하는 목소리가 이 밤의 곳곳에서 들려옵니다.

끔찍하게 차갑고, 기절할 듯이 고통스러운 푸른 독이 발린 날카로운 칼날을 내 온몸에 꽂고서, 저는 잠들어가고 있습니다.

칼 꽂힌 몸에서 피가 흐릅니다. 하지만 다행히도 그들의 칼날에 묻어 있던 푸른 독 색깔이 섞이지 않은, 순수하게 붉은 피입니다.

이 피를 보니 기쁩니다. 이 피 외의 세상 모든 곳엔, 이미 그들의 흔적이 가득하기 때문입니다.

이 피가 몽땅 쏟아지기 전에, 저는 아름답지 않은 늪이나 시궁창으로 찾아가 고요히 몸을 뉘이겠습니다. 그리고 노래를 부르겠습니다. 그들의 무지에 대한 안타까움에 가득 젖은 푸른 비가와, 혹시 모를 희망에 대한 흰색 찬가를 나직이 부르며 고요히 눈을 감겠습니다.

유럽 입자물리학 연구소[European Organization for Nuclear Research, CERN] : 기초과학의 발전
　　　　이라는 목적을 가진 이 연구소는 영국 · 독일 등 유럽 20개국의
　　　　합작으로 스위스 제네바와 프랑스 국경 사이에 세워졌으며, 유
　　　　럽 외에 미국 · 일본 · 러시아 · 이스라엘 · 터키 등이 비회원국
　　　　의 자격으로 연구에 참가하고 있다.

강입자충돌기[Large Hardron Collider, LHC] : 유럽 입자물리학 연구소[CERN]에서 만든
　　　　세계 최대의 입자 가속기로서, 강입자충돌기를 위한 자금 모집
　　　　및 건설에 34국가 대학과 연구소 및 과학자들이 대거 참가했다.
　　　　강입자충돌기의 사용으로써 기대되는 연구결과물로는 초끈이
　　　　론 증명, 암흑물질과 암흑에너지 정체 규명, 물질과 반물질이
　　　　비대칭 형태를 이루는 것에 관한 이유 규명 등이 있다.

빅뱅이론^{Big bang theory} : 200억 년 전 우주가 점과 같은 미세한 상태에서 대폭발을 일으켜 팽창함으로써 지금의 상태에 이르렀다고 보는 이론. 1920년대에 알렉산더 프리드먼^{Alexander A. Friedman}과 조르주 르메트르^{Georges Lemaitre}에 의해 주창되었다. 빅뱅이론을 정당화하는 자들은 이것의 근거로서 멀리 떨어진 은하일수록 우리 은하계로부터 빠른 속도로 멀어지고 있다는 점, 그리고 1965년 발견된 3K라는 우주 배경복사를 들고 있다.

초끈이론^{Super-string theory} : 초끈이론은 끈이론에서 발전된 형태의 이론으로서, 우주의 최소구성단위가 양성자 · 중성자 · 전자 같은 소립자나 쿼크 등의 구^球 형태가 아니라, 이보다 더 작으면서 끊임없는 진동을 뿜어내는 가느다란 끈이고, 이러한 끈의 진동에 의해 우주 만물이 생성 · 변화한다고 보는 이론으로서, 1970년대 초에 제기되기 시작해, 1980년대 슈워츠^{J. Schwartz}와 그린^{M. Green}에 의해 본격적으로 연구되기 시작한다. 초끈이론은 기존의 과학이 가지고 있었던 문제점을 해결할 가능성을 지닌 혁신적인 차세대 이론으로서, 많은 지지자를 가지고 있는 이론이기는 하지만, 아직 풀어내지 못한 몇 가지 문제점 때문에 기존의 과학이론을 완벽히 대체할 공식이론으로서는 인정받지 못하고 있다.

쿼크^{Quark} : 소립자를 이루는 기본 구성자이다. 쿼크의 개념이 정립되기 전까지 물질의 최소단위는 원소 그 자체였지만, 그러한 원소조차 쿼크들의 조합임을 발견한 후 물질의 최소단위 원소에서 쿼크로 바뀌게 된다. 현재까지 가정된 쿼크는 6종種 3류類으로 구분되며, 쿼크와 쿼크 사이의 접착제 역할은 글루온이 담당한다.

11차원의 우주 : 초끈이론에서 언급되는 가정으로서, 지금 우리가 살고 있는 우주 외에 10차원의 우주가 더 있다고 보는 가정이다. 10차원 + 시간으로써 11차원이 이루어진다고 보는 이 가정은 지금의 우리가 경험하는 것은 4차원시간, 상하, 전후, 좌우 외에 7차원이 더 있으며, 이 7차원의 영향으로써 4차원의 물리 법칙이 결정된다고 본다. 이 7차원은 아주 얇게 겹쳐 있기 때문에 관측이 매우 힘들며, 따라서 증명되기 곤란한 한계를 지닌다.

버클리 대학의 둥글고 네모난 지붕 : 이것은 콰인이 자신의 저서에 등장시킨 가상 인물 맥스와 와이만의 언쟁 도중 와이만의 반격 중에 나오는 단어로, 만일 상상 가능한 것이 실존 가능할 수 있다 해도 버클리 대학의 지붕이 둥글면서 동시에 네모날 수 없음을 예로 들며 실재론을 비꼬는 내용이다. 지붕이 둥글면서 동시네 네모날 수는 없듯, 따라서 존재는 모두 구체성을 띠어야 하며, 이를 강조하기 위해 콰인의 이러한 예를 빌려왔다.

반물질Anti-matter : 물질에 대칭하는 존재로서, 소립자에 대한 반입자로써 구성되는 존재이다. 반물질의 경우, 입자와 만나는 순간 상호작용해 감마선이나 중성미자 등으로 바뀌므로 관찰하기는 대단히 어려우며, 이제껏 실제로 확인한 반물질의 종류로 반중성자·반양성자·반중양성자 등이 있다. 이러한 반물질은 우주의 근원과 새로운 지식체계를 쌓아나가는 데 일조하는 한 요소로 매우 각광받고 있으며, 이에 대한 연구가 활발히 진행되고 있다.

암흑물질^{Dark-matter} : 우주 전체의 구성 비율 중 90퍼센트 이상을 차지하는 물질로서, 그 어떤 방식으로도 인식될 수 없고, 오로지 중력으로서만 인식될 수 있는 물질이다. 이러한 암흑물질은 우주진화론, 은하 및 대규모 우주형성론과 진화론의 근거가 되기도 한다.

이데아^{Idea} : 플라톤 철학의 핵심 개념으로서, 순수 개념 그 자체^{가령 점, 선, 완벽한 동근 원 같은}만이 존재하는 불멸의 세계이다. 현상세계는 이 이데아로부터 나온 그림자에 불과하고, 이데아야말로 사후에 돌아가야 할 궁극적인 세계로 보았다. 모든 사람은 이데아로부터 왔고, 지상세계에 머문 후 이데아로 돌아간다고 보았기에 상기를 통해 이데아에 대한 기억을 파편조각이나마 떠올릴 수 있다고 플라톤은 주장했다. 하지만 그러한 플라톤의 세계관은 그의 제자 아리스토텔레스에 의해 부정되는데, 이는 현상계 또한 이데아의 형상과 존재를 같이한다는 철학적 입장 때문이다. 아리스토텔레스는 존재의 구성요소를 크게 형상인과 질료인(다 보자

면 작용인과 목적인도 있지만, 그것들은 일단 제외하고)이 있다고
보았는데, 형상은 말 그대로 사물의 형상에 해당하는 것이고,
질료는 그 형상을 채우는 재료에 해당하는 것이라 보았다.

아리스토텔레스는 현상계의 사물 또한 형상을 가지고 있어야
만 하며, 형상 없는 질료는 존재로서 성립할 수 없다고 보았다.
따라서 순수질료만 존재하는 곳으로서의 현상계는 존재로서
성립될 수 없고, 이로써 이분법적 세계관을 가지는 플라톤과는
달리 범신론적인 특성을 띠게 된다. 다시 정리하자면, 플라톤
철학에서의 세계는 순수형상^{개념 그 자체}으로만 이루어진 이데아와,
그것에서 파생되어 단순한 질료^{재료}로서만 존재하는 단순질료인
현상계로 세계가 나뉜다. 후자는 가치 없는 세계로 보았지만,
아리스토텔레스는 세계에 대한 통찰의 결과로써 단순질료 그
자체는 존재할 수 없으며 세계의 모든 질료들은 그것을 이루는
어떠한 형상과 반드시 함께한다는 것이다. 물론 그렇다고 해서
아리스토텔레스가 플라톤의 이데아론을 부전하는 것은 아니
다. 아리스토텔레의 철학 내용상에서도 이데아에 해당하는 순
수형상은 분명 존재할 수 있기 때문이다. 다만 현상계와 이데아
를 분리하려는 플라톤과 달리, 아리스토텔레스는 현상계의 질
료 또한 이데아에 해당하는 순수형상과 함께한다는 것이다.

어쨌든 이런 이데아는 이상을 나타내는 영단어 ideal이나 생각

을 나타내는 idea 모두 이상세계인 이데아로부터 유래한 단어
에서 볼 수 있듯이, 이 개념은 서구인들의 머릿속에 굉장히 크
게 자리 잡고 있기 때문에 계속해서 전해지게 된다. 이러한 플
라톤의 철학과 이데아의 개념은 로마시대의 신플라톤주의 철
학자 플로티노스에게 전해져 일자의 개념으로서 재탄생하게
되고, 더 나아가 중세 초기 교부철학으로 흘러들어가, 천국 그
리고 기독교 체계의 논리적·철학적 정합성을 부여하는 데 결
정적인 공을 세우게 된다.

위버멘쉬[Ueabermensch] : 한글 번역으로는 초인이며, 니체가 지향하는 인간상
이다. 어차피 인간은 영원한 운명의 굴레를 벗어날 수 없으므로
그나마 선택할 수 있는 최선의 인간상으로서 위버멘쉬라는 초
극적 자세를 지닌 인간상을 꼽았다. 이는 쾌락에 빠진 동물적
인간상인 말인과 정반대되는 개념으로, 이성을 강조하며 주어
진 환경을 최대한 초극하려는 이상적 인간상이다. 어쨌든 중요
한 점은 이런 위버멘쉬조차 결국 영원의 굴레를 벗어날 수 없다
는 점이다. 초인조차 영원히 운명 굴레를 벗어날 수 없다는 사
실은 니체와 니체철학을 더욱더 깊은 허무의 심연으로 내몬다.

모나드[Monad] : 라이프니츠의 형이상학 저서인 단자론에 등장하는 개념으
로서, 라이프니츠는 현상세계란 원소와 같이 아주 조그마하면
서도 세계의 모든 정보를 담고 있는 모나드들이 오밀조밀하게

밀집해 있는 구조로써 이루어진다고 보았으며, 이 모나드들은 창이 닫힌 상태라 모나드들끼리 서로 정보를 공유할 수 없다고 간주했다.

하지만 이러한 라이프니츠의 입장은 큰 문제를 초래했는데, 정말 모나드들끼리 그 어떤 정보도 공유할 수 없다면, 과연 어떻게 모나드들끼리 모여 하나의 상태를 이루어낼 수 있느냐 하는 것이다. 마치 카드섹션과 마찬가지로 닫힌 모나드끼리는 그 어떤 정보도 서로 나눌 수 없으므로, 다른 카드와 같은 색을 발현할 수 없는 것이다.

이러한 모순을 해결하기 위해 라이프니츠는 하나의 형이상학적 가설을 끌어오는데, 그것이 바로 예정조화설이다. 예정조화설이란 현상세계를 구성하는 모나드 모두에 창이 닫혀 있는 것은 사실이지만, 신이 이미 이 세계 모두에 계획을 부여해 그 계획대로 세계가 흘러가고 있다고 보는 입장이다.

하지만 이러한 예정조화설 또한 하나의 문제에 부딪히게 된다. 세계 모든 것이 정해져 있다면 인간의 자유의지조차 신이 계획해 놓은 셈이 되고, 결국 인간이 자율적으로 할 수 있는 것은 하나도 없게 되는 셈이므로, 결국 허무에 빠질 수밖에 없는 것이다.

부동의 동자^{Unmoved mover} : 아리스토텔레스의 형이상학에 등장하는 개념이다. 아리스토텔레스는 세계의 모든 움직임에는 그것을 움직여주는 원인이 있어야 한다고 보았는데, 이 경우 그런 식으로 따지고 올라가자면 이 세계가 처음 움직이도록 해준 것은 무엇이냐 하는 모순에 도착하게 된다. 아리스토텔레스는 이 모순을 해결하고자 다른 것을 움직이지만, 그 자체는 움직이지 않는 세계의 근본인 '부동의 동자'라는 것을 가정하게 된다.

이러한 부동의 동자는 플라톤이 말한 이데아 개념과 일맥상통하며, 중세에 들어서 스콜라 철학의 대가인 토마스 아퀴나스가 이 부동의 동자를 이용해(물론 토마스가 활용한 아리스토텔레스의 철학 개념은 부동의 원동자 하나에 그치지는 않는다. 스콜라 철학의 토대 자체가 아리스토텔레스이므로, 다른 부분에서도 아리스토텔레스에 절대적인 영향을 받는다) 신의 존재를 증명한 적이 있다.

실체^{Substance} : 다른 그 무엇에도 의존하지 않고, 그 자체가 원인인 가장 근본적인 존재를 실체라고 하며, 여러 속성들은 이러한 실체에서 파생된 부속물에 지나지 않는다. 이러한 실체에 대한 논의는 긴 철학사 동안 매우 분분했는데, 고대 철학자 아낙시만드로스는 토 아페이론이라는 기체가 세계 유일한 실체라 보았고, 플라톤은 이데아가 세계의 실체이며, 현상세계는 이데아로부터 파생된 그림자에 불과하지 않는다 보았다.

데카르트는 실체를 유한실체^{인간, 이것은 또한 정신과 육체로 나뉜다}와 무한실체 이 둘로 나누었고, 이를 비판계승한 스피노자는 세계의 실체는 오직 신 하나이며, 다른 모든 속성들은 신으로부터 파생된 결과물에 지나지 않는다 보았다. (이는 '신 즉 자연' 이라는 짧막한 단어로써 표현되고 있다. 사족을 달자면 스피노자를 가장 대표하는 말은 '신 즉 자연' 인데, 왜 "내일 지구가 멸망하더라도 한 그루의 사과나무를 심겠다"가 스피노자를 대표하는 말로 인식되고 있는지 이해할 수 없다. 후자의 경우는 스피노자의 사상이 전혀 드러나 있지 않은, 그저 단순히 멋있어 보이기만 한 명언 하나에 불과하지 않는데 말이다.) 라이프니츠는 모나드가 현상세계의 실체라 생각했고, 헤겔은 하나의 거대한 절대정신이 세계의 실체라 보았다.

양태^{an aspect} : 사물이 존재하는 형편이나 모습 등을 일컫는 개념.

실존철학^{existential philosophy} : 관념론이 가지는 전체주의적(물론 여기서의 전체주의란 무솔리니의 파시즘을 말하는 것이 아닌, 변증법 과정을 통해 절대정신으로 돌아가고, 절대정신이 지향하는 자유라는 이념을 실현시키고자 하는 것을 의미한다)인 것에 맞서 나온 철학으로서, 세계보다는 인간의 입장에 서서 주어진 모든 것들을 이해하고자 하는 철학이다.

실존주의의 시초는 덴마크의 키어케고어이며, 프랑스의 샤르트르^{Jean-Paul Charles Aymard Sartre, 1905~1980}, 독일의 하이데거^{Martin Heidegger, 1889~1976.}

<small>하이데거의 철학은 완전한 실존주의가 아니라 형이상학적인 측면이 포함되어 있기는 하지만, 어쨌든 실존적인 측면이</small>

<small>강하다</small> 등을 들 수 있다. 이러한 실존주의 철학은 20세기 초중반 세계를 휩쓸었고, 인간으로서 가지는 주체적인 역할에 대한 이해를 더 강화시켜주었다.

제논의 역설^{Zeno's paradox} : 철학자 제논^{Zenon, 제논이란 이름의 철학자는 두 명 있는데, 여기서의 제논은 스} <small>토아학파 창시자인 키티온의 제논이 아닌 엘레아의 제논을 일컫는다.</small>이 만든 고대로부터 전해오는 수수께끼로서, 이것에 관한 이야기로 '아킬레스와 거북이의 경주^{Achilles and the tortoise}'와 '화살의 역설^{The arrow paradox}'이 유명하다. 이것은 풀이방법에서의 문제로서, 결국 제논이 틀린 것으로 판명되었다.

절대존재^{Absolute Being} : 오직 그 하나만이 세계 전체를 채우는 근본적이며 전체적인 존재.

대타존재^{pour-autrui} : 다른 것과 마주 서있는 존재. 샤르트르 철학에서 따온 개념이다.

개념^{Concept} : 플라톤에 있어, 더 나아가 서양 철학사에서의 개념은 소크라테스에 기초를 두고 있다. 절대적이고 공통적인 진리는 없다고 보았던 소피스트와 달리, 소크라테스는 인간으로서 대상에 내

재되어 있는 공통적인 본질을 찾을 수 있다고 보았고, 그 과정
으로서 산파술을 택했다.

소크라테스 사후 그의 제자 플라톤이 그러한 소크라테스의 뒤
를 이어받아 해당 대상에 깃든 공통적인 본질들의 합인 '개념'
을 정립시켰고(가령 각양각색의 의자가 존재함에도 그것들이 의자
라는 공통의 존재로 불릴 수 있는 것에는 그 공통의 본질에 해당하는
어떤 것이 있기 때문이라고 보는 관점이 플라톤적 관념이고, 그 공통
적인 본질이 곧 개념이다), 이러한 개념은 완벽한 것으로서 그것
의 근원이 되는 곳, 즉 이데아를 가정했다.

이러한 개념은 이는 서양 철학을 거쳐 현대에까지 이어져 내려
오는 중요한 개념^{여기서의 개념은 철학적 의미에서의 개념이 아닌, 일상적 의미에서의 개념이다}인
데, 중세의 보편논쟁이 불거지기 시작하면서 '개념'의 보편적
내용이 현실세계에도 실존하는가에 대한 의구심이 생기기 시
작했다. 나는 이러한 플라톤적인 의미에서의 '개념'의 실존 여
부 그 자체에 대해서는 일단 괄호 치기를 했지만, 확실히 잘못
되었다고 생각되는 몇몇의 개념^{정확히 말하자면 개념의 탈을 쓴 거짓말}에 대해서
는 잘못된 것으로서 인정하고 제거하고자 했다.

박정민

경남 마산 출생. 철학적 연구주제에 흥미를 느껴 창원대학교 철학과에 입학했으며, '종교의 바람직한 지향성'에 대한 연구로 학사학위를 받았다. 4년제 대학과정을 마친 후에는 미학관련 대학원에 진학해 박사학위를 취득할 계획이며, 졸업 후에는 학자와 작가의 길을 가며, 한국에서 철학적 사유가 공고히 뿌리내릴 수 있도록 노력할 예정이다. 그의 철학적 영감에 가장 큰 영향을 끼친 철학자는 플라톤과 스피노자이다.

젊은 철학도, 세계에 대해 묻다

초판 1쇄 인쇄   2010년 3월 15일
초판 1쇄 발행   2010년 3월 20일

지은이 박정민
펴낸이 신영임
편 집 북이데아

펴낸곳 도서출판 자작나무
주 소 서울시 성북구 보문동 4가 78-1 평화빌딩 201호
전 화 02-923-5160
팩 스 02-953-5198
이메일 chajaknamu@hanmail.net

등록번호 제307-2007-48호
등록일자 2004년 5월 7일

ISBN 978-89-7676-325-4 03100